북한 체제의 닫힌 일상과 흔들리는 미래

이화여대 북한연구회 총서 7

북한 체제의 닫힌 일상과 흔들리는 미래

초판 1쇄 발행 2025년 8월 31일

엮은이	이화여대 북한연구회
지은이	권혜진·김미연·김엘렌·서수정·안종숙·이경애
펴낸이	윤관백
펴낸곳	선인
등 록	제5-77호(1998.11.4)
주 소	서울시 양천구 남부순환로 48길 1 (신월동 163-1) 1층
전 화	02) 718-6252 / 6257
팩 스	02) 718-6253
E-mail	suninbook@naver.com

정가 16,000원
ISBN 979-11-6068-091-1   93300

· 잘못된 책은 바꿔 드립니다.

이화여대 북한연구회 총서 7

북한 체제의
닫힌 일상과 흔들리는 미래

이화여대 북한연구회 엮음
권혜진 · 김미연 · 김엘렌 · 서수정 · 안종숙 · 이경애 지음

발간사

　존경하는 독자 여러분께!

　오늘날 한반도는 여전히 분단의 상처로 고통받고 있다. 남과 북으로 갈라진 분단의 틈새에서 생이별한 가족들의 눈물은 멈추지 않고 있으며, 서로 다른 체제에서 고통을 감내하며 살아가고 있기 때문이다. 이 무거운 현실 속에서 우리는 묻는다. 언제면 우리는 만날 수 있을까? 만나기 위해, 우리는 무엇을 해야 할까?

　서울-평양의 거리는 약 195㎞, 3시간 이내로 갈 수 있는 그곳을 우리는 80년이 되도록 발을 내딛지 못하고 있다. 더군다나 북한은 이념 공고화, 조직생활 일원화, 법·제도적 억압, 정보 차단의 순차적·복합적 메커니즘을 통해 체제를 폐쇄적으로 유지하고 있어, 그곳 주민들의 일상을 들여다보기는 더더욱 어렵다. 북녘의 마을 골목에서, 장마당의 분주함 속에서, 때로는 적막 속에 숨겨진 가정에서,

주민들은 어떻게 아침을 열고, 하루를 마무리하며 살아내고 있을까? 무수한 질문들이 꼬리에 꼬리를 문다.

　이화여대 북한연구회 연구자들은 북한 주민들의 미시적 삶을 세밀히 관찰하고 기록함으로써, 분단의 그늘 너머에서 살아가고 있는 그들의 희로애락을 담아내는 과정에서 무수한 질문을 하나씩 풀어가 보려고 한다. 이는 마치 벽돌 하나하나를 정성껏 쌓아 올리듯, 북한 주민들의 일상을 차곡차곡 축적해 가는 것과 같다. 문득 어느 날 통일이 되었을 때, 북한 주민들의 일상에 놀라지 않고 좀 더 친근하게 다가갈 수 있기를 바라며.

　이런 취지에서 올해 7번째 총서는 "북한 체제의 닫힌 일상과 흔들리는 미래"라는 제목으로 북한 주민들의 닫힌 일상 속에서의 사회문화 일상을 기획하였다. 내용은 총 6개 장으로 구성하였다. 한반도의 평화통일과 북한 주민들에 대한 무한한 애정을 가지고 바쁜 시간을 쪼개어 저자로 참여해 준 권혜진, 김미연, 김엘렌, 서수정, 안종숙, 이경애 박사님께 다시 한번 그 열정과 노고에 진심으로 고마움을 전한다. 장별 내용을 간단히 소개하면 다음과 같다.

　제1장은 권혜진 박사가 북한 주민의 조직생활과 일상을 생애주기별 근로단체 활동을 중심으로 조망한다. 이 글은 북한 주민들이 왜 집단적 저항에 나서지 않는가에 대한 질문으로 시작한다. 북한 정권은 주민들로부터 자발적인 복종을 유도하기 위해, 개인의 삶을 집단적 생활양식 속에 편입시키는 전략을 택한다. 북한 정권이 구축한 정교한 지배 장치가 주민들의 일상 전반에 깊숙이 침투하여 사고와 행동을 체계적으로 통제하고 있기 때문이다. 이른바 조직생활은 연

령, 성별, 직업 등 생애주기별 기준에 따라 주민들을 유사한 사회집단으로 편성하고, 이를 통해 개인의 사적 공간을 철저히 제한한다. 요람에서 무덤까지 이어지는 집단적 생활구조 속에서, 개인은 독립적 주체로서의 자율성을 박탈당하고, 자신의 의식과 행위를 지도자의 사상과 지시에 부합하도록 일치화시키는 데 주력한다. 그 결과 무조건적인 이행과 복종은 일상적으로 재생산·내면화되며, 집단적 저항의 가능성은 구조적으로 봉쇄된다고 밝혔다. 이러한 분석은 북한 주민들의 조직생활이 단순한 통제 기제가 아니라, 주민들에게 사회적 관계망이자 정체성의 그물망으로 작용함을 일깨워 준다.

제2장은 김미연 박사가 북한의 민생경제 현황과 핵문제 해결 이후 변화 가능성을 살펴보고 있다. 이 글은 '북한 주민들의 삶이 나아질 수 있을까?'라는 근본적 질문으로 시작한다. 특히 북한이 핵문제 해결 이후 진정한 개혁·개방의 길로 나선다면, 민생경제는 어떻게 변화할 것인지 그 잠재성에 주목하였다. 특히 사경제의 활성화와 자산 사유화 측면에서 김정은 시대 민생경제의 현황을 치밀하게 짚어 보고, 중국 경험과 비교함으로써 북한의 민생경제 변화 가능성을 전망하고 있다. 결과적으로 북한이 경제 개혁·개방의 길에 본격적으로 진입할 경우, 민생경제가 긍정적 변화를 보일 가능성이 크지만, 이 잠재력을 현실화하기 위해서는 시장 메커니즘의 안정적 도입, 제도적 뒷받침, 국제사회의 협력 및 주민들의 적응 역량 강화 등 다양한 요건이 필수적이라고 밝혔다. 이 글은 탈제재 시대의 민생경제가 단순한 생계 도구를 넘어, 한반도 평화와 통일의 경제적 밑거름이 될 수 있다는 비전을 보여주고 있다.

제3장에서 김엘렌 박사는 북한 체제에서 사회안전성의 역할과 반사·비사 투쟁법 제정이 주는 의미에 대해 논한다. 이 글은 북한이 2019년 하노이 회담 결렬 이후 반사·비사 행위들을 처벌하는 법 제정의 의미와 그 통제 기능을 면밀히 살펴보고 있다. 과거 김일성·김정일 시대에도 존재했던 반사·비사 개념은 김정은 시대에 공식적으로 법제화되었으며, 첫 번째 시기는 김정은 집권 초기인 2012년부터 2018년까지, 두 번째 시기는 하노이 회담 결렬 이후인 2019년부터 현재까지로 나누어 분석하고 있다. 결과적으로 김정은 정권은 반사·비사를 중심으로 광범위한 영역에서 법 제정과 정비를 대대적으로 진행하며, 이를 사회주의를 수호하고 인민을 보호하기 위한 법제화로 선전하고 있다는 것이다. 이러한 전략은 중간관리 이상 간부들을 공식 감시 대상으로 삼아 인민들로 하여금 체제 불신감을 해소하게 하는 동시에, 김정은 자신에 대한 불평·불만의 리스크를 분산한다는 점에서 중요한 정치적 의의를 지닌다고 보았다. 이 분석은 반사·비사 법 제정이 단순한 처벌 규정을 넘어 체제 안정화와 통제 기능을 배가하는 핵심 장치로 자리매김하고 있다는 것을 보여준다.

제4장은 서수정 박사가 북한의 비공식 기업과 군사문화라는 주제를 탐구했다. 이 글은 북한의 비공식 기업이 낮은 생산성을 극복하기 위해 군사문화를 조직문화로 수용할 수 있다는 이론적 가능성을 제기한다. 조직문화 이론에 따르면, 군사문화는 규율과 위계, 규범 강조를 통해 조직효과성을 제고할 수 있는 전략적 자산이 될 수 있다. 그러나 북한의 비공식 기업은 강력한 감시와 처벌, 단발성 거래 구조 등으로 인해 협업과 위계 형성이 구조적으로 제약받아 군사문

화 요소를 전면적으로 수용하지 못하고 있다. 그 결과, 비공식 기업은 집단적 운영보다는 개인 중심의 자율성과 은폐성에 기반한 방식으로 작동한다는 것이다. 이는 군사문화가 북한 사회 전반에 자연스럽게 확산될 것이라는 단선적 전망과 달리 군사문화가 조직문화로 작동하기 어려운 구조적 한계를 내포하고 있음을 시사한다. 비공식 경제 활동이 감시 회피와 생존 극대화를 중심으로 형성된 고도로 개인화된 질서 속에서 운영된다는 연구 결과는 북한 사회의 역설적 현실을 깊이 들여다보게 한다.

제5장에서 안종숙 박사는 북한 주민의 일상 속 감정 세계를 사상 감정 경험을 중심으로 논한다. 이 글은 정치권력이 감정을 어떻게 규범화하고 통제하는지를 다룬다. 북한 사회에서 감정은 공민으로서 요구되는 공적 감정인 사상감정을 중심으로 조직되는 반면, 사적 감정은 미분화되거나 억제된다고 분석했다. 결과적으로 탈북민 사례를 통해 이러한 감정 통제가 실제 삶에 어떻게 나타나는지를 밝힘으로써, 북한 주민의 감정사회화 구조를 해명하였다. 공포·연대·경계심이 혼재된 감정 지형 속에서 주민들은 스스로를 보호하고 사회적 관계망을 유지하고 있다. 이러한 분석을 통해 북한 체제의 통제 구조 너머에 놓인 인간의 심층 내면을 섬세하게 포착하여 북한 주민들의 일상을 '감정'으로 이해하게 하는 새로운 관점을 엿볼 수 있다.

제6장은 이경애 박사가 북한 주민의 일상생활과 영어 리포트라는 주제에 대해 논한다. 이 글은 접근이 제한적인 북한 교육 현실을 공개 자료와 전문가 분석을 통해 객관적으로 조명하고 있다. 다소 생소한 주제인 '영어 리포트' 사례를 통해 주민들의 언어 학습과 정보

접근 양상을 보여주고 있으며, 특히 인공지능 시대의 디지털 교육환경 변화에 대한 북한의 대응 능력과 한계, 교사 전문성 부족, 교육자료 부족 등 구조적 문제점을 심층 분석했다. 북한의 영어교육 연구는 단순한 언어 교육 분석을 넘어, 북한 사회의 변화 방향과 국제사회와의 교류 의지를 읽을 수 있는 중요한 창구라는 것이다. 이를 통해 영어 학습이 단순한 외국어 습득이 아닌, 체제 내부에서 외부 정보를 탐색하고 미래의 가능성을 시각화하는 장치로 작용할 수 있다는 것을 보여주고 있다.

이와 같이, 본 총서의 여섯 편의 연구는 서로 다른 분석 주제로 출발하지만, 모두 북한 주민들의 일상을 담고 있다. 조직화된 삶 속에 내재화된 통제와 불안정한 변혁 가능성 사이에서 주민들은 몸과 마음을 지키며 살아가고 있다. 이 책은 단지 북한 체제를 이해하기 위한 교과서적 지식이 아니라 냉엄한 통제와 제도 뒤편에 놓인 북한 주민들의 일상을 되살려낸다. 또한 미시적 관찰과 거시적 맥락이 교차하는 지점에서 북한 주민들의 미래를 예측하기 위한 토대를 세우고 있다. 이는 단순한 낙관이나 비관적 관점이 아닌 북한 주민들의 일상 경험을 미래 예측의 출발점으로 삼는 새로운 패러다임이다.

물론 이러한 연구의 여정은 녹록지 않다. 분단 과정에서 늘 그래왔지만, 특히 북한의 적대적 두 국가론과 동족 개념 부인으로 인한 남북관계의 경색 국면으로 인해 북한을 연구하는 학자들은 정서적·상황적 난관에 항상 봉착해 있다. 그럼에도 불구하고 북한을 연구하는 일은 언제나 도전적이며, 이 도전 속에서 지치지 않는 것이야말로 북한 연구자들의 숙명이기도 하다.

서문의 닻을 내리며, 독자 여러분께서 이 책을 통해 북한 주민들의 삶에 한층 더 가까이 다가서고, 한반도의 평화통일을 위한 지식의 토대를 함께 다져나가기를 소망한다. 어려운 상황에도 불구하고 이 연구를 가능하게 해주신 모든 저자들과 탈북민 참여자들에게 깊은 감사를 드린다. 이 책의 출판을 해마다 수락해 준 도서출판 선인과 기획부터 출판까지 아낌없이 수고해 준 안종숙 박사에게 특별히 감사드린다. 끝으로, 이화여대 북한연구회 총서 발간에 진심 어린 응원과 제자들의 성장을 위해 늘 애써주신 최대석 교수님, 박원곤 교수님, 조동호 교수님, 최은영 교수님께 진심으로 깊은 감사의 말씀을 전한다.

2025년 8월
이화여대 북한연구회를 대표하여
7대 회장 **조 현 정**

차례

발간사 / 5

제1장 북한 주민의 조직생활과 일상: 생애주기별 근로단체 활동을 중심으로 | 권혜진 ·········· 17

1. 북한 주민의 삶, 조직 속에 묶이다 ·········· 17
2. 일상화된 통제, 북한의 권력 기술 ·········· 19
3. 북한 근로단체와 생애주기별 통제 ·········· 28
4. 조직이라는 일상의 감옥 ·········· 52

제2장 북한의 민생경제 현황과 핵문제 해결 이후 변화 가능성 검토 | 김미연 ·········· 59

1. 북한 주민들의 삶은 나아질 수 있을까 ·········· 59
2. 김정은 시대 북한의 민생경제 현황 엿보기 ·········· 62
3. 중국이 경험한 민영경제 발전 사례의 교훈 ·········· 68
4. 북한의 민생경제 변화 가능성과 도전 과제 ·········· 73

제3장 북한 체제에서 사회안전성의 역할과 반사·비사 투쟁법 제정이 주는 의미 | 김엘렌 ················· 83

 1. 북한의 일상인 '통제'에는 어떤 의미가 있을까? ···················· 83

 2. 북한 인권 침해의 기능적 역할 ·· 86

 3. 반사회주의, 비사회주의에 대한 내용과 법적 제도화의 의미 ········· 95

 4. 법시스템의 제도화가 주는 함의 ·· 105

제4장 명령하지 않는 시장: 북한의 비공식 기업과 군사문화 | 서수정
··· 111

 1. 북한 사회를 지배하는 군사문화 ·· 111

 2. 북한 군사문화의 형성 과정과 원인 ·· 114

 3. 비공식 기업의 조직구조와 군사문화 수용 가능성 ················· 119

 4. 실증 분석: 수용되지 않는 군사문화 ······································ 138

 5. 북한 군사문화의 한계와 시사점 ··· 156

제5장 북한 주민의 일상 속 감정 세계: 사상감정 경험을 중심으로
| 안종숙 ··· **167**

1. 이해하기 힘든 한국 사람의 복잡한 감정 세계 ···························· 167
2. 권력의 통제 대상이 되는 감정 ·· 168
3. 북한의 사상감정과 사상교양
   : 요람에서 무덤까지 이어지는 감정 교시 ································ 170
4. 북한 주민의 감정 세계: 사적 감정의 미분화와 탈구 ···················· 174
5. 다시 감정을 배우다 ·· 182

제6장 북한주민의 일상생활과 영어 리포트 | 이경애 ···················· **187**

1. 김정은 집권 이후 북한 영어교육의 변화 지속성 ························ 187
2. 북한영어 교육 상황 ·· 195
3. 북한의 디지털 영어교육 현황 ··· 206
4. 북한 영어교육의 개선점 ··· 209
5. 북한 영어교육의 양면성 ··· 214
6. 사회주의 체제 영어교육의 딜레마 ·· 219

제1장

북한 주민의 조직생활과 일상
생애주기별 근로단체 활동을 중심으로

권 혜 진

1. 북한 주민의 삶, 조직 속에 묶이다

일상은 단순히 개인의 사적 영역이 아니라 사회 전체의 구조적 속성을 반영하는 장이다. 따라서 일상의 분석은 사회적 관계와 그 변화를 이해하는 데 중요한 통찰을 준다. 사회는 개인들의 반복적인 일상활동을 통해 지속적으로 재생산된다. 헬러(Heller)는 일상생활의 특징으로 '현장성'을 강조하는데, 이는 일상이 구체적 상황 속에서 발생되며, 바로 그 자리에서 사회적 관계망과 연결된다는 뜻이다.[1] 오늘날 북한사회를 이해하려면 북한 주민들의 반복적인 일상생활의 장(場)인 '조직생활'에 주목해야 한다. 북한은 주민들의

---

[1] 미셸 마페졸리 외. 박재환 외 역, 『일상생활의 사회학』(서울: 아카데미 한울, 2010), pp. 172~173.

생각과 행동, 심지어 일상까지 조직이라는 틀 속에서 통제하는 사회이다. 김정은 정권은 2021년 당대회를 통해 '사회주의 사회 건설'을 넘어 '공산주의 사회 실현'이라는 주체사상의 목표를 다시금 역설하며, 주민들의 사상 통제와 조직생활의 중요성을 한층 더 강조하였다.

북한에서 사람은 '개인'으로 존재하지 않는다. 모든 사람은 집단의 일원, 즉 조직의 구성원으로서 살아간다. 이 조직은 수령-당-대중으로 이어지는 이른바 '사회정치적 생명체'[2]로 연결되어 있으며, 주민 개개인은 유년기부터 노년에 이르기까지 끊임없이 조직에 소속되고, 그 조직이 교양하는 사상과 부여하는 과제를 수행하며 살아간다. 북한 주민들은 조선소년단, 사회주의애국청년동맹, 조선직업총동맹, 조선사회주의여성동맹, 조선농업근로자동맹에서 자신의 삶을 영위한다. 놀라운 것은 노인과 영유아를 뺀 북한 인구의 80% 이상이 조직에 속해 일상생활을 속해 있다는 사실이다. 국가의 통제는 억압과 폭력뿐만 아니라, 주민들이 조직에 소속되어 살아가도록 구조화되어 있다. 북한의 '우리 식 사회주의'[3] 체제의 중심에는 바로

---

[2] 사회정치적생명체란 주체사상의 핵심논리로서 수령론에서 출발한다. 북한에서 사람의 생명은 육체적 생명과 사회정치적 생명으로 구분되며, 사회정치적 생명이 육체적 생명보다 더 귀중하다는 전제에서 출발한다. 부모에게서 받은 개개인의 육체적 생명은 유한하지만, 수령으로부터 받은 사회정치적 생명은 수령-당-인민대중의 통일체를 이룰 경우, 사회정치적생명체가 되며 이를 통해 영생하는 생명을 얻을 수 있다는 논리이다. 통일체(사회정치적생명체)가 되기 위해서는 수령은 최고 뇌의 역할을, 당은 중추의 역할을, 인민대중은 손과 발의 역할을 수행하며 이 생명체의 일원으로서의 인간만이 역사의 발전을 이뤄나가는 주체가 된다고 주장한다.

[3] 우리 식 사회주의란, 1980년대 후반 소련과 동유럽 사회주의국가들의 연쇄적 붕괴에 맞서 북한이 체제를 보호하기 위해 개발한 통치 이데올로기이다. 우리 식 사회주의는 주체사상에 기초한 사회주의로 기존의 맑스레닌주의에 기초한 사회주의국가들과

'조직생활'이라는 일상의 구조가 있다. 이 글에서는 북한 주민들이 어떻게, 언제부터, 어떤 방식으로 조직생활에 참여하는지 생애주기별로 들여다본다. 이를 통해 조직으로 구조화된 북한 사회가 어떻게 유지되는지 이해할 수 있게 될 것이다.

2. 일상화된 통제, 북한의 권력 기술

북한을 들여다보면, 우리가 흔히 알고 있는 '정당'이라는 개념이 통하지 않는다. 민주주의 국가에서 정당은 정치 세력 중 하나에 불과하지만, 북한에서 조선노동당은 그 자체가 국가이자 정부다. 모든 조직과 기관, 모든 정책과 활동은 조선노동당을 중심으로 움직인다. 조선노동당은 '김일성-김정일주의[4]를 따르는 당', 즉 주체사상의 당이라고 규정하고 있다.

"조선노동당은 위대한 김일성-김정일주의당이다." 〈당규약 서문〉

주체사상은 단순히 정치 이념에 머무르지 않는다. 주민들의 일상

차원이 다른 사회주의 국가라고 주장한다. 우리 식 사회주의의 위대함은 ①주체사상을 가진 위대한 나라, ②위대한 수령 김일성, 김정일을 갖고 있는 나라, ③강한 국력을 가진 나라, ④가장 우월한 사회주의 제도를 갖고 있는 나라를 말한다.

[4] 김일성-김정일주의란, 김일성의 주체사상과 김정일의 선군사상을 계승한다는 취지 하에 2012년 김정은 체제의 출범과 더불어 제시한 사상이다. 2021년 1월. 제8차 당대회의 개정 당규약에서 김일성-김정일주의는 조선노동당의 유일한 지도사상으로 규정되었다. 다시 말해 주체사상의 또 다른 이름이다. 선군사상도 주체사상에 뿌리를 둔 사상이라고 한만큼 김일성-김정일주의란 주체사상을 계승한 것이라고 볼 수 있다.

생활부터 국가의 경제 운영까지, 사회 전체를 관통하는 통치 철학이다. 북한 헌법은 주체사상을 토대로 북한이 '인민대중 중심의 사회주의 국가'로 발전했다고 강조한다. 북한은 지도자인 수령과 당, 그리고 인민대중을 하나의 유기체로 묶은 '일심단결의 통일체'를 지향한다. 또한 북한은 '인민민주주의 독재'를 실시하고 있다. 이름만 보면 마치 인민이 권력을 갖는 체제처럼 들리지만, 실제로는 당이 인민을 이끌고 통제하는 구조다. 북한에서 수령, 즉 최고지도자는 모든 권력의 정점에 있다. '수령-당-인민대중'으로 이어지는 사회정치적 생명체 체계는 하나의 뇌가 전체 몸을 조종하듯, 수령의 의지가 당을 통해 사회 전체에 구현되는 방식이다. 이런 체제에서 조선노동당은 곧 '결정의 중심'이다. 그럼 조직과 주민들에게 그 결정을 전달하고 실행하는 역할은 누가 맡을까. 바로 '근로단체'들이다. 사회주의애국청년동맹(청년동맹), 조선직업총동맹(직맹), 조선사회주의여성동맹(여맹), 조선농업근로자동맹(농근맹)과 같은 단체들이 그 임무를 수행한다. 근로단체들은 명목상으로 각자의 정체성과 활동 목적이 있는 독립 조직처럼 보이지만, 실제로는 당의 외곽기구로서 당의 명령을 말단까지 관철시키는 역할을 한다. 당과 근로단체의 관계를 요약하면 '지도와 집행', '명령과 수행'으로 설명할 수 있다. 수령의 당이 결정하면, 근로단체는 그 명령을 주민들에게 알리고, 이를 어떻게 일상에서 실행할지 교육하고 감독한다. 그리고 그 결과는 다시 중앙당에 보고된다.[5]

---

[5] 북한은 근로단체의 위상을 복숭아로 비유하여 설명한다. 복숭아의 씨는 당이며, 복숭아 과육은 당과 대중들을 결속시키는 근로단체, 외곽단체라고 표현하고 있다. 근로

> "근로단체들은 당의 외곽단체이고 당과 대중을 연결시키는 인전대이며 당의 믿음직한 방조자이다 … 사회주의애국청년동맹은 조선로동당의 전투적후비대[6]이며 당의 령도 밑에 주체혁명위업의 완성을 위하여 투쟁하는 청년들의 대중적 정치조직이다. … 근로단체들은 당의 령도 밑에 활동한다" 〈당규약 56조〉

이처럼 당의 외곽단체인 근로단체는 북한 주민들의 삶 속으로 당의 사상을 스며들게 하는 연결통로이다. 보이지 않는 통제는 바로 이런 조직 구조를 통해 가능해진다.

1) 조직생활은 어떻게 북한의 일상이 되었는가

1960년대 전후의 국제정세는 북한이 '조직을 통한 통제'를 강화하는 데 결정적인 계기를 제공했다. 1956년, 소련에서 중요한 변화가 일어났다. 후르시초프가 공산당 제20차 당대회에서 '개인숭배와 그 후과에 대하여'라는 비밀보고를 통해 스탈린의 독재를 공개적으로 비판한 것이다. 이 사건은 세계 사회주의권 전체에 큰 파장을 일으켰다. 사회주의 위성국가들은 자국 지도자에 대한 우상화를 재점

단체들이 강화되어야 대중을 당의 주변에 튼튼하게 결속시킬 수 있고 힘있는 당으로 만들 수 있으며 당과 인민들이 함께 수령을 결사 옹위할 수 있다고 주장한다. 김정일은 "사회주의 사회에서 인민대중 리익의 가장 철저한 대표자는 로동계급의 당인만큼 근로단체들은 어디까지나 당의 로선과 방침에 기초하여 활동하여야 한다"고 주장하고 있다. 또한 근로단체들의 간부 임명권은 조선노동당에 있으며 근로단체의 간부들은 그 사업에 대해 당앞에서 책임을 진다.

[6] 인전대와 후비대를 살펴보면, 인전대(transmissionbelt)란 사전적 의미로는 동력을 전달하는 벨트를 뜻하며, 여기서는 당과 수령의 지시를 전달하는 벨트의 역할을 수행한다는 의미로 볼 수 있다. 후비대(後備隊)란 앞으로 일정한 조직의 대열을 보충하거나 사업을 계승하고 활동하게 될 대오 또는 그에 속한 사람을 의미한다.

검하라는 압박을 받게 되었다. 문제는 김일성 역시 지도자 우상화에서 자유로울 수 없었다. 소련의 이런 움직임은 김일성에게 곤혹스러운 일일 수밖에 없었기에 북한은 스스로 소련과 거리 두기를 시작한다. '자립적 민족경제 건설'[7]을 내세우며 내부 결속을 강화하고, 외부 영향력을 차단하는 방향으로 움직였다. '4대 군사노선'[8]을 채택하여 국방을 중시하고, '사상 사업'[9]과 '조직 사업'[10]에 힘을 실었다. 당을 중심으로 사회 전반을 통제하는 체제가 본격화되기 시작한 것이다. 1961년 북한은 제4차 당대회를 열어 이 같은 변화의 방향을 공식화했다. 이 시기 북한은 몇 가지 중요한 사업체계를 확립했다. 대표적인 것이 '청산리 방법'과 '대안의 사업체계'다. 이는 당의 명령을 위에서 아래로 일사불란하게 전달하고, 직장이나 공장에서 일어나는 모든 일에 당 간부가 직접 개입할 수 있도록 한 시스템이었다. 말하자면 모든 사회조직을 당의 지휘 아래 두는 방식이었다.

---

[7] 자립적민족경제건설이란, 생산의 인적·물적 요소들을 자체로 마련할 뿐만 아니라 내부에서 생산·소비적 연계가 완결되어 독자적으로 재생산을 실현해나가는 체계를 의미한다. 북한은 자립적민족경제건설에 대해 "남에게 예속되지 않고 제발로 걸어나가는 경제, 자기 인민을 위하여 복무하며 자기 나라의자원과 자기 인민의 힘에 의지하여 발전하는 경제를 건설하는 것이라고 설명하고 있다. 북한은 국제분업질서로부터 유리된 폐쇄형 경제체제를 고수하고 있다.

[8] 4대군사노선이란, 북한이 1960년대 제시한 '전 인민의 무장화', '전군의 간부화', '전 지역의 요새화', '전군의 현대화'라는 4가지 노선으로 구성되어 있다. 경제·국방 건설 병진노선과 국방에서의 자위를 천명하면서 국가의 모든 영역에서 군사적인 체계를 갖출 수 있는 기반을 닦았다.

[9] 사상사업이란, 사상개조사업으로 사회의 모든 구성원들을 수령의 혁명사상과 당 정책으로 학습시켜 수령과 당에 충직한 공산주의적 혁명가로 교양·개조하며 혁명투쟁에 적극 동원하는 사업을 말한다. 북한은 사상사업을 "다른 어떤 사업보다 중요하다"고 인식하며 인간의 사상만 장악하면 혁명을 효율적으로 달성할 수 있다고 본다.

[10] 조직사업이란 북한 사회주의 체제를 운영하는 방식으로 주민 개개인을 철저히 조직에 소속시키고 이를 통해 사회 전반을 통제·동원하는 활동을 의미한다. 조직사업은 조선노동당이 주도하여 국가·사회 조직을 일사분란하게 움직인다.

같은 시기, 북한은 '천리마운동'이라는 대규모 사회주의 생산경쟁운동도 벌였다. 이 운동은 단순한 경제 정책이 아니었다. 근로자들이 공산주의 사상으로 무장하고, 창조력과 열의를 발휘해 당의 목표를 더 빠르게 실현하자는 대중운동이었다. 결국 천리마운동의 성공은 당의 사상사업, 조직사업 없이는 불가능했다. 김일성 시대의 북한은 점차 '조직의 나라'가 되었다. 당의 지도 아래 모든 사람이 정해진 조직에 속해야 했고, 그 조직 속에서 사상교육을 받고, 보고서를 쓰고, 스스로를 검열하고, 때로는 동료를 비판해야 했다. 이 체계는 단순한 감시가 아니라, 사고방식 자체를 바꾸는 구조였다. 북한 주민들이 일상에서 자유롭게 생각하거나 행동할 수 있는 여지는 점점 더 줄어들었다.

2) 김정일, 조직생활을 체계로 만들다

김정일은 조직생활을 단지 주민들의 행동을 감시하기 위한 수단으로만 생각하지 않았다. 주민들의 생각과 행동을 철저히 통제하기 위한 시스템으로 만들고자 하였다. 그 시작은 1967년, '갑산파 숙청 사건[11]'으로 거슬러 올라간다. 이 사건 이후 북한의 권력 지도는 김

---

[11] 갑산파 사건은 김일성 1인 독재체재확립에 결정적 계기가 된 사건으로 1967년 북한에서 발생한 대규모 정치 숙청사건이다. 갑산파는 주로 1930년대 함경남도 갑산, 혜산, 보천 등지에서 항일운동을 전개한 인사들이 중심이었다. 김일성의 유일사상과 개인 우상화에 비판적이었으며, 실학 등 민족전통 혁명사상과 경공업 중심의 경제발전을 강조하여 김일성의 국방·경제 병진노선과 충돌하였다. 1967년 5월 노동당 제4기 15차 전원회의에서 박금철, 리효순, 김도만 등의 갑산파 핵심인물들이 종파주의자, 가족주의자, 지방주의자라고 비판받고 일거에 실각, 숙청되었으며 이 과정에서 다수의 노동당 인사들이 처형되고 숙청되었다.

일성 빨치산 단일 세력으로 완전히 재편되었고, 동시에 김정일의 후계구도도 본격화 되었다. 김정일은 실질적인 통치 능력을 갖추기 위해 주민들을 대상으로 통제조직을 직접 설계해나갔다. 그 중심에 있었던 것이 바로 '생활총화'[12]였다.

1972년, 김정일은 문화예술계와 외교부 직원들을 대상으로 매달 한 번 하던 생활총화를 이틀에 한 번으로 늘리라고 지시했다. 다른 기관들도 3일, 5일, 일주일, 열흘 간격으로 생활총화를 실시하라고 명령하였다.[13] 1974년, 김정일은 조직운영 방식에 더 큰 변화를 준다. 기존에는 개인이 여러 근로단체에 중복으로 가입해 활동하고 있었지만, 이때부터는 '1인 1조직' 가입원칙을 명확히 했다.[14] 북한주민 개개인이 소속한 조직에서 누수 없이 통제받도록 만든 것이다.[15] 같은 해 4월, 김정일은 "당의 유일사상체계 확립을 위한 10대 원칙"

---

[12] 생활총화란 북한주민들이 자기가 소속된 당이나, 기관, 근로단체에서 매주, 매월, 매분기, 연별로 각자의 업무와 공적생활, 사생활을 반성하고 상호 비판하는 모임을 말한다. 북한은 생활총화 모임을 10명에서 15명씩을 한 단위로 묶어 조직하며, 북한 전체 주민들이 빠짐없이 생활총화에 참가하게 하였다. 소학교 2학년부터 남녀노소를 불문하고 생활총화에 무조건 참여해야 하며, 당원들은 소속 당세포에서, 비당원의 경우, 소년소녀들은 소년단 분단조직에서, 청년은 청년동맹 초급단체에서, 직장인은 직맹 초급단체에서, 농민들은 농근맹 초급단체에서, 여성은 여맹 초급단체에서 생활총화를 한다. 심지어 해외주재원이나 유학생들도 당생활총화에 무조건 참가해야 한다. 생활총화는 자아비판과 상호비판을 통해 자신의 잘못을 비판하고 반성하며 다른 사람의 잘못을 비판하는 방식으로 진행한다. 당생활총화는 세포비서가, 근로단체 소속은 동맹 초급단체위원장이 집행하며 참여 주민들이 한 명씩 차례로 일어나 비판하는 형식으로 진행된다.
[13] 이우영, 황규진. "북한의 생활총화 형성과정 연구," 『북한연구학회보』 제12권 제1호 (2008) p. 136.
[14] 비당원들은 의무적으로 1인 1개의 근로단체에 배속된다. 단, 당원은 각 근로단체의 간부가 아니면 맹원이 될 수 없다. 근로단체에 소속된 당원들은 비당원들과 달리 해당 근로단체의 당세포조직에서 생활총화를 수행한다.
[15] 위의 논문, p. 138.

을 선포하였다. 10대 원칙에 모든 주민이 생활총화에 정기적으로 참가해야 하도록 명시하여 생활총화는 선택이 아닌 의무가 되었다. 생활총화(2일 또는 주 1회, 월간, 연간)는 주민 모두가 반드시 참여해야 하는 일상이 된 것이다. 그뿐만 아니라, 김정일은 당과 근로단체가 총화 내용을 실시간에 가깝게 중앙에 보고하는 시스템까지 구축했다. 자아비판과 상호비판, 각종 생활정형 등이 말단 조직에서부터 체계적으로 중앙에 수집되었다. 이로써 북한 주민들의 말과 행동, 심지어 생각까지도 국가가 감시하는 구조가 만들어졌다. 놀라운 사실은, 이런 조직생활이 1990년대 북한 최악의 경제난에도 멈추지 않았다는 점이다. '고난의 행군'[16] 시기에 수많은 사람들이 굶어 죽었고, 배급은 끊겼으며 공장은 멈췄다. 여성들은 장마당(암시장)에 나가 생계를 책임져야 했지만, 그 와중에도 조직생활은 완전히 사라지지 않았다. 국경지대 거주 경험이 있는 북한이탈주민을 대상으로 한 면접조사에 따르면, 심층면접 대상자 44명 중 42명이 최소한의 조직생활에는 참여했다고 답했다. 그중 30명은 정기적으로 참석했으며, 12명은 비판을 피할 정도로 가끔씩이라도 참석했다. 전혀 참여하지 않은 사람은 단 두 명뿐이었다. 또 조직생활에 대한 생각을 묻는 질문에도, 대부분은 '어쩔 수 없지만 참여해야 한다'고 답했고, 아예 필요 없다고 말한 사람은 단 한 명에 불과했다.[17] 이것은 북한 주민들이 체제

---

[16] 고난의 행군이란, 북한에서 1996년부터 1999년까지 이어진 극심한 경제난과 식량위기를 가리키는 용어로 북한 사회에 심대한 충격과 변화를 가져온 시기이다. 대한민국 통계청은 약 33만 명의 아사자가 발생한 것으로 추산하였고, 미국 인권기관은 50~60만 명에서 300만 명까지 추정하기도 하였다.
[17] 이미경, 구수미, "경제위기 이후 북한 도시 여성의 삶과 의식," 『북한 도시의 위기와 변화: 1990년대 청진, 신의주, 혜산』 (서울: 한울아카데미, 2006), pp. 223~226.

에 완전히 순응했기 때문이 아니라, 조직생활이 삶의 조건이자 생존의 기술이었기 때문이다. 김정일 시대에 확립된 이 시스템은 김정은 시대에도 고스란히 이어졌고, 북한 사회의 기본 뼈대가 되었다.

3) 김정은 시대, 북한 주민의 조직생활은 어떻게 달라졌을까?

2013년 김정은은 김정일이 만든 '당의 유일사상체계 확립의 10대 원칙'을 '당의 유일영도체계 10대 원칙'으로 개정·강화하였다. 10대 원칙은 북한 사회의 핵심 규범으로 헌법이나 노동당 규약보다는 상위에 위치하는 최고 행동강령이다. 당의 유일영도체계 10대 원칙 제4조, 제8조에는 소속된 조직에 적극적 참여와 활동을 강조하고 있다.

> 위대한 수령 김일성동지의 혁명 사상을 배우는 학습호, 강연회, 강습을 비롯한 집체 학습에 빠짐없이 성실히 참가하여 매일 2시간 이상 학습하는 규율을 철저히 세우고 … 〈4조〉
>
> 조직생활에 자각적으로 참가하며 사업과 생활을 정규화, 규범화하여야 한다. 조직의 결정과 위임 분공을 제때에 성실히 수행하여야 한다. 2일 및 주조직 생활 총화에 적극 참가하여… 〈8조〉[18]

김정은은 아버지 김정일과는 다른 방식으로 주민 조직생활을 강

---

[18] 당의 유일영도 체계확립의 10대 원칙이란, 조선노동당의 최고 강령이자, 북한 체제의 핵심규범으로 헌법이나 노동당 규약보다 더 우위에 있는 국가의 기본법의 역할을 한다. 이 원칙은 1974년 '당의 유일사상체계 확립의 10대원칙'으로 처음 제정되었고 2013년 김정은 체제의 권력 강화와 권력 세습 정당화를 위해 '당의 유일영도 체계 확립의 10대 원칙'으로 개정되었다.

조했다. 김정일 시기 개최되지 않았던 각종 단체의 최고 대회를 평양에서 성대히 개최하여 참석자들을 만나고 단체가 담당하고 있는 역할을 강조하였다. 2012년 김정은은 조선소년단 창립 66주년 행사에 직접 참석하고, 같은 해, 청년절에는 각 지역에서 청년 대표 1만 명을 평양으로 초청해 대규모 행사를 개최하였다. 김정은은 다음 세대인 어린이, 청년들의 조직생활을 얼마나 중시하는지를 몸소 보여주었다. 2021년 제8차 당대회에서 김정은은 근로단체들이 정치적이고 사상적인 역할을 충실히 수행해야 한다고 강조하고 모든 조직을 당의 혁명사상, 즉 주체사상으로 무장시켜야 한다고 주문하였다. 특히 사회주의애국청년동맹에 대해서는 '당의 교대자이자 후비대'라고 지칭하며 그 중요성을 재확인하였다. 북한은 청소년과 청년들이 김정은의 사람으로 성장할 가능성이 크다고 판단하고, 이들을 체제 수호의 핵심 세대로 간주한다. 이에 따라 외부 사상과 문화의 유입을 차단하고자 다양한 법을 제정하였다. 대표적으로 '반동사상문화배격법'(2020), '청년교양보장법'(2021), '평화문화어보호법'(2023)을 제정하고, 주민들의 일상생활을 세밀하게 통제하고 있다. 2024년에는 사상 처음으로 여성동맹 위원장 출신을 당 근로단체부장에 임명하기도 하였다. 이를 통해 김정은은 여맹의 위상을 높이고, 여맹의 역할에 대한 관심을 보여주고자 하였다. 이처럼 김정은 시대의 북한은 당 조직뿐만 아니라 근로단체의 역할을 재정립하고, 특히 새세대에 대한 사상 교양을 통해 체제 안정을 도모하고자 하였다. 조직생활을 강화하고 통제력을 높이는 방식으로 북한식 사회주의 통치를 공고히 하려는 의도를 분명히 한 것이다.

3. 북한 근로단체와 생애주기별 통제

북한의 모든 주민들은 소학교 2학년(만 7세)부터 70세까지 각각의 근로단체에 소속되어 조직생활을 수행한다.[19] 노동당에 가입할 수 있는 만 18세 이후 당원이 되지 못한 사람들은 성별, 나이, 직업에 따라 각각의 근로단체에 배속된다. 소속한 근로단체에서 생활총화를 비롯하여 사업정형 등 일상의 모든 생활을 당에 보고하고 지시를 받게 된다. 북한의 근로단체는 총 4개의 단체가 있다. 사회주의애국청년동맹(청년동맹), 조선직업총동맹(직맹), 조선사회주의여성동맹(여맹), 조선농업근로자동맹(농근맹)이다. 여기에 더해 본 글에서는 사회주의애국청년동맹의 지도를 받는 조선소년단까지 포함하였다. 북한은 영유아나 노약자 외에는 모든 주민들이 4개의 근로단체와 소년단에 가입되어 조직생활을 수행한다. 북한에서 당원은 약 330만 명, 소년단 400만 명, 청년동맹 500만 명, 직맹 300만 명, 농근맹 130만 명, 여맹 200만 명으로 추정되고 있으며 북한 주민 2,400만 명 중 1,860만여 명 즉, 노인과 영유아를 제외한 인구의 80%가 당과 근로단체 등의 외곽조직에 가입되어 조직생활을 하고 있다.[20] 본 장에서는 조선노동당을 제외한 근로단체의 각각의 특성

---

[19] 그동안 북한의 조직생활은 만 7세부터 65세까지였으나 2021년도 여맹의 가입나이를 70세까지 올렸다. 『자유아시아방송』, 2024.2.28.

[20] 북한 근로단체들의 가맹원 수는 추정치에 근거한다. 본 글에서는 정후남, "북한 5대 근로단체 조직의 운영체제와 역할 분석," 『북한학보』, 46집 1호 (2021); 김근식, "북한식 민간단체의 현황과 변화 전망," 『평화연구』, 제11권 1호 (2003): 이온죽·이인정, 『김일성사회주의청년동맹과 조선민주녀성동맹』 (서울: 서울대학교 출판문화원, 2010) 등과 통계청 북한통계포털(https://kosis.kr/statHtml/statHtml.do?sso=ok&returnurl=https%3A%2F%2Fkosis.kr%3A443%2FstatHtml%2FstatHtml.do%

과 조직생활 양태를 살펴본다.

1) 조선소년단: 북한 조직생활의 시작점

북한 어린이들이 처음으로 조직생활을 경험하는 단체가 바로 조선소년단이다. 이 단체의 가입 대상은 만 7세부터 13세까지로, 한국의 초등학생 연령대에 해당한다. 조선소년단은 근로단체인 사회주의애국청년동맹의 지도 아래 운영되며, 북한 체제의 핵심인 김일성, 김정일, 김정은 우상화 교육과 기초 사상학습을 수행하도록 조직되어 있다. 조선소년단은 학교를 중심으로 구성되며, 단원-반장-지도교사 체계로 운영된다. 소년단은 학급 단위인 분단, 그리고 5~10명으로 이루어진 소년단반으로 나뉜다. 각 단위에는 위원장, 부위원장, 분단위원, 기수 등이 선출되어 활동하고, 소년단반은 반장을 선출하여 활동을 이끌게 된다. 이 모든 구조는 어린 나이부터 조직적 사고

3Fmode%3Dtab%26path%3D%252Fbukhan%252FstatisticsList%252FstatisticsListIndex.do%26conn_path%3DMT_BUKHAN%26list_id%3D101_101BUKHANB11_A_01%26tblId%3DDT_IZGI05_001%26vw_cd%3DMT_BUKHAN%26orgId%3D101%26)의 북한인구수와 연령대별 인구수 및 각종 보도자료 등을 참조하였다. 특히, 많은 선행연구에서 여맹원의 수를 200만 명, 120만 명과 20만 명으로 각각 추정하고 있었다. 이에 이온죽·이인정은 120만 명과 20만 명의 큰 숫자의 간극에 대해 다음과 같이 정리하고 있다. "기존 연구들은 1987년 북한이 대외선전용으로 발간한 『조선개관』에서 직맹은 약 160만 명, 농근맹은 약 130만 명, 청년동맹은 약 380만 명인데 비해 여맹은 20만 명으로 표기되었있다고 설명하면서 이 수치에 대해 여맹관련자 인터뷰를 통해 확인한 결과, 120만 명을 20만 명으로 작성한 오기라고 지적하였다고 설명하고 있다. 이에 본 연구자도 (국제기구의 도움으로 북한이 실시한) 2008년 북한인구센서스에서 나온 총인구 24,052,231명 대비 55세~70세의 북한여성 인구를 합산해 본 결과 1,126,109명으로 확인되었다. 55세는 모든 북한 여성들이 직장에서 은퇴하는 시기로서 55세 이전에 은퇴한 30~50대의 전업주부 여성들은 아직 포함되지 않은 숫자이다. 따라서 대략 200만 명 이상의 여맹원들이 있다고 추정된다. 선행연구인 정후남, 이온죽·이인정의 논문에서도 여맹원의 숫자를 대략 200만 명으로 추정하였다.

와 위계적 문화를 체득하도록 의도된 것이다. 지도는 학교마다 배치된 청년동맹 지도원 3~4명이 맡으며, 담임 교사들은 이들의 지도를 받아 소년단 활동을 감독한다. 소년단 입단은 매년 세 차례 이뤄지며, 가장 먼저 열리는 1차 입단식(2월 16일, 김정일 생일)에 입단하는 것이 가장 영예로운 일로 여겨진다. 뒤이어 2차(4월 15일, 김일성 생일), 3차(6월 6일, 소년단 창립일) 순으로 입단식이 진행된다. 북한 부모들은 자녀가 1차 입단식에 입단할 수 있도록 경쟁적으로 노력하며, 입단식 장소 또한 중요하게 여긴다. 가장 영광스러운 입단식은 전국연합단체대회가 열리는 평양에서 진행되며, 이는 사실상 극소수에게만 허용되는 기회다. 대부분의 학생은 도 단위 연합단체대회에서 입단하게 되며, 이 역시 해당 학생의 학교 내 위상을 결정하는 주요 지표가 된다. 입단 후, 학생들은 학업과 소년단 활동을 병행해야 한다. 소년단 활동의 핵심은 수령에 대한 충성심을 생활 속에서 실천하는 것이다. 대표적으로는 김일성·김정일 동상 청소, 교실 내 초상화 관리와 같은 일을 순번제로 수행하며, 이를 통해 일상 속 복종과 충성심을 체화하게 된다. 소년단의 구호는 "소년단원들은 위대한 김일성·김정일 조선을 위하여 항상 준비하자"이다. 이를 실천하기 위해 '배움의 천리길, 광복의 천리길' 답사 행군, '전적지 답사 활동' 등을 통해 북한의 혁명역사와 체제의 정통성을 체화한다. 우수 단원에게는 '7.15 최우등상'을 수여하며, '좋은 일 하기', '토끼 기르기', '폐지 수매' 등의 분공[21]도 부여한다. 이는 개인보다

---

[21] 분공이란, 당원과 근로단체 소속 조직원이 수행하는 업무로 고정분공과 임시분공으로 구분된다. 고정분공은 일정한 기간 고정직으로 맡겨지는 사회적 책임이며, 임시분공은 당과 근로단체가 일시적으로 시키는 업무이다. 소년단 조직에서도 각 소년단원에게

조직이 우선이라는 사고를 어릴 때부터 체득하게 하려는 목적에서 시행된다. 또한 생활총화도 소년단 시기부터 시작되며, 학급 단위로는 '3대혁명 붉은기 쟁취운동'[22]과 같은 대중운동에도 참여한다. 이처럼 조선소년단은 단순한 어린이 단체가 아니라, 체제 충성심과 복종을 내면화하는 훈련소 역할을 한다. 소년단 생활은 15세가 되는 해에 끝나며, 이때 소년단의 추천을 통해 청년동맹에 가입하게 됨으로써 조직생활은 다음 단계로 자연스럽게 이어지게 된다.

2) 사회주의애국청년동맹: 조선노동당의 간부 양성소

(1) 사회주의애국청년동맹 개요

북한의 대표적인 청년조직인 사회주의애국청년동맹(이하 청년동맹)은 1946년 '북조선민주청년동맹'으로 출발하였다. 이후 1964년 사회주의노동청년동맹, 1996년 김일성사회주의청년동맹, 2016년 김일성-김정일주의청년동맹을 거쳐, 2021년 현재의 명칭으로 개칭되었다. 이처럼 명칭 변화는 단순한 이름 교체를 넘어, 북한 당국이 청년세대에 어떤 이념과 역할을 부여해 왔는지를 보여준다. 청년동맹은 만 14세부터 30세까지의 청년, 학생, 군인 등 당원이 아닌 북

부여하는 임무 또는 과제로 매달 생활총화에서 자신이 맡은 분공(과제)을 수행한 결과를 보고하고 다시 새로운 분공을 받는다.

[22] 3대 혁명 붉은기 쟁취운동은 1970년대 북한에서 김정일이 주도하여 시작한 대중운동으로 사상혁명, 기술혁명, 문화혁명을 전 사회적으로 실현하기 위한 운동으로 각급 단위(공장, 기업소, 협동농장, 학교 등)에서 혁신적 성과를 이룬 집단에게 '3대혁명붉은기' 칭호와 깃발을 수여함으로써 경쟁과 동기부여를 유도하는 방식으로 전개되었다.

한 청년이라면 사실상 의무적으로 가입하는 단체이다. 직장에 배치되거나 결혼하는 경우, 직맹이나 여맹 등 다른 근로단체로 이동하게 된다. 청년동맹은 개인의 신청에 따라 35세까지 소속이 가능하지만, 이는 입당 가능성이 높은 청년들이 직맹 단계를 생략하고 당에 직접 입당하기 위한 전략으로 이용하는 방법이다. 현재 청년동맹은 약 500만 명의 회원을 보유한 북한 최대의 근로단체이며, 조선소년단 400만 명까지 지도하는 조직으로 알려져 있다. 이는 조선노동당원 수(약 330만 명)의 세 배에 가까운 900만 명 규모의 조직을 통제하는 셈으로, 그 위상은 당과 군 다음이라고 할 수 있다. 북한은 청년동맹을 "체제유지의 3대 보루" 중 하나로 간주하며, 2021년 제8차 당대회에서도 "청년동맹은 노동당의 전투적 후비대이며, 주체혁명 위업 완수를 위한 청년들의 대중적 정치조직"이라고 규정하였다. 청년동맹의 주요 활동 분야는 조직사업, 사상사업, 학생사업, 경제활동 등으로 구성된다. 청년동맹원은 단순한 조직원이 아니라, 미래의 당 간부, 건설현장의 돌격대, 체제 수호의 전위대로 길러진다.

(2) 청년동맹 조직

청년동맹은 중앙위원회를 중심으로 전국적으로 촘촘한 조직망을 구성하고 있다. 중앙에는 청년동맹 중앙위원회가 있으며, 지역 단위로는 도·시·군 청년동맹위원회, 그리고 공장, 농장, 대학, 학교 단위의 청년동맹위원회가 각각 설치되어 있다. 특급기업소, 1급기업소, 도급대학 등은 도청년동맹에 직속되어 운영된다. 청년동맹 중앙위원회는 작은 노동당으로 불릴 만큼 다양한 부서가 있다. 조직부, 선전선동부, 간부부, 사적자료부, 대학생청년부, 학생소년부, 노동청년부, 체육부, 국제부, 총무부, 재정경리부, 청년돌격대관리국 등 여러 부서가 설치되어 있다. 각 부서는 부위원장이 관할하고, 실무는 부장-국장-과장 체계로 운영된다. 중앙청년동맹은 하위 도 단위 청년동맹을 지도하고, 청년동맹 전체 사업을 총괄한다. 청년동맹의 재정경리부 산하에는 외화벌이 기관도 운영되고 있으며, 대표적으로 '은별무역회사'가 있다. 이 회사는 도·시·군 단위에 지사를 두고, 수출입 활동을 통해 외화를 벌어 청년동맹 재정을 충당한다. 청년동맹은 단순한 사상교양 조직을 넘어서, 미래 간부를 양성하고 건설현장의 핵심 인력을 제공하는 기능도 수행한다. 간부양성소 역할을 하는 만큼, 내부 규율은 엄격하고 당성 또한 강하게 요구되며 산하에는 금성정치대학이라는 교육기관이 있다. 김정일시기 신년사는 주요 신문에 신년공동사설 형태로 발표되었는데 노동당의 기관지인 《노동신문》, 북한군의 기관지인 《조선인민군》과 함께 청년동맹의 기관지인 《청년전위》에 게재되어 청년동맹의 위상을 보여준다. 청년동맹은 금성청년출판사, 청년문화회관, 청년취주악단, 청년기동예술대 등을 운영하며, 사상·문화사업을 담당한다. 조선소년단과 관련해서는 송도원국제야영소, 중앙소년단야영소, 학생소년궁전, 만경대학생소년궁전 등을 직속으로 관리하며 청소년 교양 활동을 지원한다. 한편, 청년동맹은 북한에서 1960년대 청년선봉운동, 1970년대 3대혁명소조운동[23], 그리고 속도전 운동과 같이 다양한 방식으로 사회변화의 선봉적인 활동을 전개해 왔다. 현재도 국가 기간사업과 지방 건설

현장에는 '속도전청년돌격대'라는 이름으로 대규모 청년 인력을 투입하고 있다. 각 도 단위에는 평균 1,400여 명 규모의 청년돌격대 대대가 조직되어 있으며, 이는 도청년동맹이 직접 운영한다. 청년돌격대는 당과 연계하여 도 단위에 부과된 건설사업에 동원되며, 각 도에서 인원을 충원한다. 돌격대는 대체로 청년동맹이 중심이 되지만, 책임자는 당원이 맡고, 입당 희망 청년들이 자원하여 참여하기도 한다. 최근에는 돌격대의 열악한 생활 환경으로 인해 지원 기피 현상이 심해지고 있으며, 이를 해결하기 위해 청년동맹, 직맹, 여맹, 당원 등을 가리지 않고 순번제로 돌격대 인원을 할당해 채우고 있다. 도청년동맹의 구조는 중앙 청년동맹 조직과 유사하며, 국제부 정도가 빠져있다. 청년동맹은 중앙당의 근로단체부와 조직부의 지도를 받으며, 시·군 단위에서는 도청년동맹과 지역당 조직부의 이중 지휘를 받는다. 청년동맹의 기층단위인 초급위원회는 시·군위원회 및 초급당의 지시를 따라 사업과 총화를 수행한다. 청년동맹의 재정은 맹비 수입, 조선소년단 학생의 꼬마자금 관리[24], 외화벌이 수입 등으로 구성된

---

[23] 3대혁명소조운동은 북한에서 1973년 2월 공식적으로 시작된 사회주의 혁신운동이다. 사상혁명(정치사상), 기술혁명(과학기술), 문화혁명(생활문화) 등 이른바 '3대혁명'을 전면적으로 추진하기 위하여 각 공장, 기업체, 농장 등 생산 현장에 사상적으로 무장되고 현대적 과학기술을 익힌 청년 인텔리(주로 대학졸업생)들을 20~30명 단위로 '소조' 형태로 파견하였다. 3대혁명소조원들은 나이든 관료, 기술직들이 기존 관행대로 일하며 새로운 방식을 도입하는 것에 대해 주저하는 행동을 복지부동 행태로 비판하며 생산현장에서 기존 관리자들과 세대교체를 이루기도 하였다.

[24] 꼬마자금이란, 조선소년단에서 추진하는 모금운동을 말한다. 학교, 지역별로 과제가 부여되며 과제를 완수하지 못하면 생활총화에서 비판을 받는다. 모금활동을 위해 소년단원들은 토끼, 수달 등 동물 사육 및 가죽 판매, 고철, 종이 등 폐품 수집 등을 하며 부족한 부분은 부모들이 지원하기도 한다. 이렇게 모은 자금은 '소년호', '꼬마땅크' 등으로 명명된 군용장비(탱크, 비행기, 함선 등) 제작 등 국방비에 기여한다.

다. 청년동맹 간부들은 중앙당 진출 비율이 높아 정치적 위상이 높으며, 도청년동맹 위원장은 도당 간부 출신이 맡고, 청년동맹 간부들은 일정 연령이 되면 도당 간부로 배치되는 구조이다. 이처럼 청년동맹은 당과 권력세습의 연결고리 역할도 하고 있으며, 당간부들이 자녀를 청년동맹 간부로 임명한 뒤 당원 진입 통로로 활용하기도 한다.[25]

(3) 청년동맹의 조직생활

청년동맹의 조직생활은 조선노동당의 조직생활과 유사할 정도로 엄격하고 체계적이다. 예컨대 도청년동맹은 도당 조직부와 선전부의 당생활지도와 함께, 도당 근로단체부의 행정적 지도를 동시에 받는다. 대부분의 청년동맹 간부들은 당원 신분을 보유하고 있으며, 청년동맹 활동을 통해 입당 기회를 얻는 구조로 운영되기 때문에 조직생활에 대한 충성도가 높다. 청년동맹 간부들은 당 간부처럼 매주 수요강연회, 토요학습, 생활총화 등에 반드시 참가해야 한다. 생활총화에 불참할 경우 개별 보고서를 제출해 보완해야 하며, 출장 시에는 생활 정형 보고를 필수적으로 제출해야 한다. 학습과 회의는 매일 진행되며, 과거보다 강도는 다소 낮아졌지만 자체 학습과 독보 회의도 여전히 일상화되어 있다. 청년동맹 간부들은 각종 사회적 동원에도 참여해야 한다. 농촌동원 기간이나 금요노동에 시·군 단위로 차출되며, 일정 인원수는 기준 목표에 따라 지속적으로 채워야 한다. 간부들은 급여를

---

[25] 정영태 외, 『북한의 부문별 조직 실태 및 조직문화 변화 종합연구: 당·정·군 및 경제·사회부문 기간조직 내의 당 기관 실태를 중심으로』 (서울: 통일연구원, 2011), p. 300.

받기 때문에 맹비 납부율은 100%에 가깝다. 청년동맹 조직의 당원 비율도 매우 높아, 청년동맹 당위원회는 정기적으로 성실히 운영된다.

① 고등중학교 청년동맹의 조직생활

북한에서는 만 14세(고등중학교 4학년)가 되면 조선소년단 생활을 마치고 사회주의애국청년동맹에 가입하게 된다. 고등중학교에 설치된 청년동맹위원회는 학생 중에서 비서를 선출하며, 그 아래 부비서(조직, 사상 담당)와 위원들이 있다. 청년동맹 활동은 학교 단위, 학급 단위로 이루어지며, 청년동맹 지도원이 배치되어 활동을 지도한다. 규모가 큰 학교에는 당에서 직접 책임 지도원을 파견하기도 한다. 청년동맹의 가입도 여러 시기에 나누어 진행되며, 소년단의 추천과 함께 학교위원회 심의, 시·군 청년동맹위원회 심사, 면담 절차를 거쳐 최종 가맹된다. 학생들은 구두 면접을 통해 청년동맹 규약과 김일성 혁명연표 등을 암기한 뒤, 맹원증을 발급받는다. 청년동맹에 가입하면 동시에 '붉은청년근위대'에 소속된다. 남녀 모두 군사동원부 명부에 등록되며, 신체검사와 입대식을 거쳐 본격적으로 활동을 시작한다. 붉은청년근위대는 조선노동당 군사부의 지휘 아래 중대 단위로 편성되며, 정무원 교육위원회 소속으로 훈련을 이수한다. 이들은 학교 교육 외에도 매년 주당 6시간, 연간 240시간의 군사훈련을 받으며, 15일간의 야외전술훈련에도 참가한다. 훈련은 소좌급 교관의 집체훈련, 실탄 사격, 산악 행군, 철조망 넘기, 담장 오르기 등 현역병 수준의 군사훈련으로 구성된다. 또한 청년동맹 학생들은 '배움의 천리길', '광복의 천리길'[26] 등 답사 행군에도 참가해,

수령에 대한 충성심을 체득하도록 지도받는다. 학교에서는 매주 토요일 1~2시간 동안 청년동맹 회의를 열고, 매월 1회 생활총화를 진행하여 정치적 태도와 활동을 평가한다. 이러한 활동은 학생들에게 조직에 대한 충성심과 복종 의식을 자연스럽게 내면화하게 된다.

② 대학 청년동맹의 조직생활

청년동맹에서 조직생활이 가장 강한 부문은 대학이다. 대학 소속 청년들은 생활총화 참석률이 높고, 정치학습과 집단 활동 참여도가 뛰어나다고 평가된다. 북한에서 고급중학교를 졸업하고 18세가 되면 노동당 입당 자격이 주어진다. 하지만 당에 입당하지 못하더라도 대학에 진학하게 되면 학생 신분으로 계속 청년동맹에 소속되어 조직생활을 이어가야 한다. 대학에는 청년동맹위원회가 설치되어 있으며, 각 학부에는 초급위원회, 각 학년과 학급 단위로는 초급단체가 구성되어 있다. 대학 청년동맹 간부의 다수는 당원 신분이며, 비서는 교원이 맡고, 그 외 간부는 학생 중에서 선발하여 활동을 운영한다. 대학생들은 토요일 오전 강의를 마친 후 오후 시간에 생활총화, 강연회, 무도회 등의 다양한 청년동맹 활동을 수행한다. 강연회

---

[26] 배움의 천리길은 김일성이 12세 때 부친 김형직의 조국의 현실을 알아야 한다는 뜻에 따라 중국 만주 팔도구에서 평양 만경대까지 약 17일간 걸어서 귀향한 여정을 가리킨다. 북한은 이 길을 김일성의 조국애와 혁명정신의 출발점이라 선전하며 백두산 혁명전적지, 사적지 방문 등의 다양한 활동으로 구성하여 학생들에게 가르친다. 광복의 천리길은 1925년 13세의 김일성이 조선이 독립하지 않으면 다시 돌아오지 않겠다는 결의를 품고 평양 만경대에서 만주 팔도구까지 걸어간 여정을 말하며 주요 답사코스는 평양 만경대에서 개천, 향산, 강계, 화평, 포평 등지를 거쳐 만주 팔도구까지 가는 여정이다.

에는 청년동맹 해설대가 참가하여 최신 당정책에 대한 사상 강의를 진행한다. 예를 들어, 해주시 청년동맹은 2~3명씩 구성된 해설대 4개 조를 운영하며, 시내 20여 개 대학과 전문학교를 대상으로 정기적인 사상강연회를 개최한다.

③ 군대 청년동맹의 조직생활

고등중학교 졸업 후 군 복무를 시작한 청년은 조선인민군 내 청년동맹 조직에서 활동하게 된다. 인민군 내부에는 조선인민군 청년동맹위원회가 있으며, 소대 단위는 분조, 중대는 초급단체, 대대나 연대 이상은 청년동맹위원회가 각각 조직된다. 군 내부 청년동맹은 조선인민군 총정치국의 직접적인 지도를 받으며, 사단, 여단, 군단 단위에는 정치위원 산하에 청년동맹 전담 부서가 설치되어 있다. 대대 단위부터는 상위 혹은 대위급 간부가 청년동맹 지도원으로 활동하고, 중대에서는 중대 사관장(선임하사관)이 초급단체 비서를 맡는다. 소대 단위는 부소대장이 분조 책임자로서 역할을 수행한다. 청년동맹 활동은 주로 토요일에 실시되며, 그 외에도 매일 아침 군지휘관의 2시간짜리 정치강의가 선행된다. 강의 내용은 김일성·김정일·김정은의 혁명사상, 노작 학습, 정세 강연 등으로 구성되어 있으며, 군대 조직 안에서도 사상 교양을 철저히 병행하는 것이 특징이다.

④ 직장 청년동맹의 조직생활

북한의 대부분 직장과 공장에서는 기본적으로 직맹(직업총동맹)이 근로단체로서 활동하지만, 30세 미만의 청년은 여전히 청년동맹에 소속되어 조직생활을 수행해야 한다. 직장의 청년동맹 간부는 지도원이 아니라 일반 노동자가 비서를 맡는 방식으로 운영된다. 청년동맹의 조직생활은 나이를 기준으로 유지되기 때문에, 30세가 되면 자동으로 직맹으로 이관되며 청년동맹 생활을 종료한다. 직장 내 청년동맹 활동은 정기적인 사상학습, 생활총화, 사회주의 건설 참여, 문화·체육 활동, 공산주의 도덕 및 문화 선전, 군사훈련 등을 포함한다. 이러한 활동은 직장 내 청년들의 일상에서 상당히 큰 비중을 차지하며, 정치와 생산, 문화가 조직생활 속에서 통합되어 있는 북한 특유의 노동 문화 구조를 보여준다.

3) 조선직업총동맹: 노동조합이 아닌 노동자들의 정치조직

(1) 조선직업총동맹 개요

조선직업총동맹(이하 직맹)은 북한에서 국가기관과 기업소에서 일하는 근로자들을 대상으로 하는 대표적인 노동자 정치단체이다. 직맹은 1945년 김일성의 지시로 '북조선직업총동맹'이라는 이름으로 창설되었으며, 이후 1951년 '조선직업총동맹'으로 개칭하여 오늘에 이르고 있다. 직맹은 이름만 보면 마치 남한의 한국노총이나 민주노총처럼 노동자 권익을 대변하는 노동조합으로 보이기 쉽다. 그러나 실상은 전혀 다르다. 북한의 직맹은 근로자의 권리 보호나 노동 조건 개선을 위한 조직이 아니라, 조선노동당의 정책을 노동 현장에서 관철하고 근로자를 사상적으로 통제하는 기능을 중심으로

운영된다. 직맹은 노동자들을 대상으로 정치 학습, 생활총화, 사상교양 활동을 주기적으로 진행하며, 당의 방침에 따라 각종 노력 동원과 사회주의 생산 운동(천리마 운동, 만리마 운동 등)을 조직한다. 즉, 북한의 직맹은 '노동조합'의 외형을 띤 당의 외곽 조직으로서, 당이 노동자를 통제하고 동원하는 도구 역할을 한다.

(2) 조선직업총동맹 조직

조선직업총동맹(이하 직맹)은 청년동맹 다음으로 큰 규모의 근로단체로, 30세 이상의 노동자, 기술자, 사무원 등 농업 부문을 제외한 모든 직장인들이 자동적으로 가입하는 구조이다. 자발적 가입이라는 명목이 있지만 실제로는 사실상 의무 가입이며, 현재 약 300만 명의 맹원을 보유하고 있는 것으로 추정된다. 직맹의 조직은 중앙위원회-도직맹위원회-시·군·구역 직맹위원회-공장 및 기업소 직맹으로 이어지는 수직적 구조를 이루고 있다. 가입은 가장 하위 단위인 초급단체 총회에서 결정되며, 상급 위원회의 승인 절차를 거쳐 이루어진다. 직맹은 조선노동당 근로단체부의 지도를 받으며, 자체적인 정책기획권은 없지만 최고 의결기관인 '직맹대회'를 정기적으로 개최한다. 대회는 2년에 한 번씩 중앙위원회가 소집하며, 그 사이에는 상설기관으로 직맹 중앙위원회가 모든 사업을 담당한다. 중앙위원회에는 위원장과 부위원장이 있으며, 상무위원회를 구성해 직맹 운영을 실질적으로 책임진다. 주요 집행 부서로는 조직부, 선전부, 군중문화부, 재정부기부, 부녀부, 노임부, 문화부, 노동보호부 등이 있고, 산하 기관으로는 중앙간부학교, 동맹출판사, 노동자신문사 등이 있다. 부위원장은 9개로 나누어진 산업별·직업별 직업동맹의 위원장 중에서 선임되는 경향이 있다. 여기에는 조선금속화학공업동맹, 조선기계공업노동자동맹, 조선교통노동자동맹, 조선전기석탄공업노동자동맹, 조선건설임업노동자동맹, 조선체신노동자동맹, 조선경공업사업노동자동맹, 조선수산노동자동맹, 조선교육문화보건동맹 부문이 포함된다. 중앙 직맹위원장을 지낸 인물들은 이후 노동당 내 관련 직책으로 이동하며, 중앙위 상무위원회는 직맹 운영의 핵심 실무기구로 활동한다. 직맹 유급간부를 지낸 탈북자의 증언에 따르면, 도직맹 상근 간부는 모두 당원이며, 이들은 직맹 안에서 당세포 활동을 병행한다. 평안북도 직맹위원회에서는 초급당비서가 직맹 조직부위원장을 겸직하고, 각 과에서는 한 명씩 세포비서를 선출하여 조직·선전·경제·경리 세포비서로 역할을 나누어 수행한다.[27]

(3) 조선직업총동맹의 조직생활

조선직업총동맹(이하 직맹)은 정치조직의 성격을 갖고 있어 조선노동당처럼 당위원회 체계와 회의 구조를 운영한다. 하부 조직의 실태는 중앙 직맹과 도당 근로단체부에 정기적으로 보고된다. 다만 당 차원의 엄격한 책벌은 청년동맹에 비해 느슨하며, 외화벌이 활동도 거의 없다. 이는 중앙조직과 달리 도 단위부터 직맹에 전임 인력이

---

[27] 정영태 외.『북한의 부문별 조직 실태 및 조직문화 변화 종합연구: 당·정·군 및 경제·사회부문 기간조직 내의 당 기관 실태를 중심으로』, pp. 325~326.

부족하고 자금이나 인력 운용 여력이 없기 때문이다. 직맹 내 당조직은 대부분 무급이며, 실제 운영 권한은 직맹위원장이 행사하고, 당비서는 조직위원장을 겸임하는 형식이다. 따라서 직맹 내부에서 당조직과의 마찰은 거의 발생하지 않는다. 직맹 간부들은 1호 작품 관리, 정치 강연, 학습 등에 출석하며, 정치생활의 기본 의무는 성실히 수행한다. 자체 학습 과제와 아침 독보회는 형식적으로 진행되는 측면도 있지만 생활총화는 반드시 실시한다. 직맹 간부들은 맹비를 100% 납부하며, 김일성·김정일 생일에 열리는 충성의 노래모임이나 사회적 동원 활동에도 적극 참여한다.[28] 직맹도 당의 방침과 지시를 하달하며 정치 조직으로서의 기본 기능을 유지하고 있다. 그러나 실제로는 직맹은 간부들의 말년 자리를 의미하는 경우가 많아 충성심은 전반적으로 낮은 편이다.

① 기업소에서의 조선직업총동맹 조직생활 구조

북한에서는 특급 기업소는 중앙조선직업총동맹(이하 직맹), 1급 기업소는 도직맹, 기타 기업소와 공장은 시·군·구역 직맹에 소속된다. 각 기업소에는 산업별·직업별 직업동맹 조직과 지방조직 단위 직맹위원회가 함께 결성되며, 말단 조직인 초급단체위원회가 직맹의 핵심 정치사업을 직접 지도·조직한다. 공장과 기업소는 당위원회가 전반을 통제하며, 지배인은 당위원회 및 직맹위원회 부위원장으로 임명된다. 이 구조를 통해 직맹원과 당원 모두가 조선노동당의

---

[28] 위의 책, pp. 326~333.

일원적 지도를 받도록 편제된다. 직맹 간부는 반드시 당원으로 구성되며, 이는 직맹이 당의 외곽 조직임을 보여주는 또 하나의 증거다. 북한은 직맹 등 근로단체를 당과 대중을 연결하는 인전대로 규정하고, 직맹이 당의 영도 아래 활동한다고 명시한다. 실제로도 공장·기업소의 정치적 통제와 생산 지휘체계는 당 중심의 집단지도체제로 운영된다. 이 구조는 북한 경제의 기본 운용 원리인 대안의 사업체계와 연결되어 있다. 주요 활동으로는 직장 총화회의, 상호비판, 생산 증산운동 동원 등이 있으며, 이는 단순한 근로자의 활동이 아니라 당의 지시를 이행하는 정치 활동의 일환으로 간주된다.

② 기업소에서 조선직업총동맹 조직생활 현실

직맹원은 생산 현장에서 당위원회와 직맹 초급위원회의 지도를 받아 정치사업과 생산 목표 달성에 동원된다. 그러나 1990년대 중반 경제난과 배급제 붕괴 이후, 많은 주민이 직장을 이탈하거나 장마당 등 생계 활동에 몰입하게 되면서, 직맹의 조직사업은 배급이 나오는 사업장 중심으로만 유지되는 실정이다. 실제로는 조선사회주의여성동맹이나 조선농업근로자동맹보다 더 활동이 위축되었다는 평가도 있다. 많은 공장과 기업소가 가동을 중단하거나 생산이 마비되면서, 직맹원들은 출근 대신 시장 활동이나 8.3노동자(돈을 내고 출근 기록만 하는 노동자)로 전환하고 있다. 생활총화는 형식적으로만 진행되며, 상호비판도 내용 없이 형식적으로 대체되는 경우가 많다. 직맹원 대부분이 출신성분이 좋지 않거나 당 입당에 관심이 없는 집단으로 구성되어 있으며, 정치 의식보다는 생계에 더 큰 관심을 보이는 경향이 있다. 그럼에도 불구하고, 북한 당국은 직맹 등 근로단체에 대한 생활총화 강화 지시를 계속 내리고 있다. 모든 직맹원에게 자기비판과 상호비판을 강제하고 있으나, 이에 대해 "무슨 비판이냐"며 반발하는 목소리도 커지고 있다. 이처럼 현실에서는 직맹의 조직생활이 전반적으로 해이해졌음에도 불구하고, 맹비 납부, 아침 독보, 강연회, 정형보고, 생활총화 등은 형식적으로라도 계속 수행되고 있다. 말단 단위의 직맹 활동조차 중앙에 보고되는 체계는 여전히 유지되고 있으며, 이는 북한 체제의 일사불란한 보고문화를 단적으로 보여주는 사례라 할 수 있다.29)

4) 조선농업근로자동맹: 농업부문 종사자들의 사상개조조직

(1) 조선농업근로자동맹 개요

조선농업근로자동맹(이하 농근맹)은 북한에서 협동농장의 농민, 축산 종사자, 농업 관련 기관과 기업소의 근로자들을 조직 대상으로 하는 근로단체이다. 30세 이상 60세 이하(여성은 55세)의 비당원은 사실상 의무적으로 가입하며, 전체 맹원 수는 약 130만 명으로 추정된다. 산하 기관지로는 신문 《농업근로자》를 두고 있다. 농근맹의 기원은 1945년 '조선농민조합 북조선농민연맹'이다. 김일성의 주도로 각지에서 농민조합연맹결성위원회를 조직하고, 이듬해인 1946년 '북조선농민조합연맹'을 창설하였다. 이후 명칭은 '북조선농민동맹',

---

29) 위의 책, pp. 348~351.

'조선농민동맹'으로 변경되었고, 1951년에는 남로당 외곽단체인 '농민조합총연맹'과 통합되었다. 전후 농촌의 피폐한 현실과 사회주의 제도화 정책 속에서 북한 당국은 농업협동화 정책을 추진하였다. 1964년 북한은 농촌 조직을 재편하기로 결정하고 1965년 농근맹을 새롭게 창설하였다. 북한에서 농민은 자기 땅을 소유하고자 하는 경향이 크고 개인주의가 잔존한다는 이유로, 사상성이 낮은 계층으로 평가받아 왔다. 농근맹은 농민을 대상으로 당의 사상으로 무장시키기 위한 정치조직으로 기능해 왔다.

(2) 조선농업근로자동맹의 조직

조선농업근로자동맹(이하 농근맹)은 기존 협동농장 소속자 외에도 농업 관련 국가기관, 기업소의 근로자와 사무원까지 포함하며, 지역 단위와 직장단위로 조직된다. 상위에는 중앙위원회, 하위에는 도·시·군·리 단위 위원회 및 초급단체가 있다. 직장 단위에서는 농업 관련 공장이나 기업에 농근맹위원회 또는 초급단체가 설치된다. 농근맹은 4년에 한 번 중앙위원회를 소집하고 정기대회를 개최한다. 또한 사상 교양 사업 강화를 위해 '농근맹 해설강사회의', '선진일군회의' 등의 회의를 수시로 열어 정책 교육과 사상 활동을 강화한다. 농근맹은 당의 '인전대'(전위조직)로서, 비당원 농민들을 대상으로 도시와 농촌 간의 계급·생활 격차 해소, 농촌 현대화, 조직적 동원에 주력한다. 1970년대에는 천리마 작업반운동, 사회주의 경쟁운동 등을 주도하였고, 1990년대 고난의 행군 시기에도 농촌 선전 활동을 맡았다. 최근에도 조직 강화 흐름은 이어지고 있다. 2022년에는 제9차 농근맹 대회를 평양에서 개최하였고, 2023년에는 화상 방식으로 9기 6차 전원회의를 진행하였다. 이 회의에서는 '좋은일 하기 운동'과 헌납운동, 그리고 반사회주의·비사회주의 사상투쟁 강화 등이 강조되었다. 기관지인 《농업근로자》는 김일성·김정일·김정은의 농업 관련 교시, 당의 농업정책, 과학영농법, 협동농장 모범 사례 등을 국문 및 영문으로 발행하며 정치교양과 실용농업 정보를 함께 제공한다.

(3) 조선농업근로자동맹의 조직생활

김정은은 2022년 제9차 조선농업근로자동맹 대회에서 서한을 통해 농근맹원들이 사회주의농촌 발전의 선봉부대가 되어야 한다고 강조하고 과학농사제일주의, 사회주의경쟁의 옳은 방법론을 실천하여 다수확 열풍을 일으킬 것과 농근맹원들이 5대 교양사업에 적극 참여하여 농촌 혁명가, 애국농민이 될 수 있도록 농근맹 활동의 강화를 강조하였다[30] 아울러 농근맹 주도의 대중운동 활성화와 모범초급단체 창조운동도 촉진할 것을 지시하였다. 북한 당국은 능업 노동자들의 사상 수준이 낮다고 판단하여 타 근로단체보다 사상교양을 더욱

---

[30] 2022년 제9차 조선농업근로자동맹 대회는 2022년 1월 27~28일에 개최되었다. 5대 교양사업이란 혁명전통 교양, 충실성 교양, 애국주의 교양, 반제계급 교양, 도덕교양으로 구성된다. 혁명전통 교양은 김일성의 항일 무장투쟁 김정일의 혁명업적을 중심으로 한 '혁명전통'을 계승, 학습하도록 하는 사상 교육이며 충실성 교양은 수령(지도자)에 대한 절대적 충성심과 복종을 고취하는 교육이다. 애국주의 교양은 국가와 조국에 헌신하는 태도를 고양하는 교육이며 반제계급 교양은 제국주의와 계급적 적대세력에 대한 투쟁의식을 강화시키는 교육이다. 마지막으로 도덕교양은 고상한 사회주의 도덕관과 인간상을 형성하도록 교육하는 것이다.

중시하며, 농근맹원은 해당 농장이나 기관에 출근하여 농사, 축산, 농기계 관리, 행정업무 등을 수행하면서 동시에 조직생활에 참여한다. 농근맹의 핵심 활동인 생활총화는 주 1회 이상 정기적으로 실시하며, 월간·분기별 총화도 함께 운영된다. 또한 선전선동부가 배포하는 문답식 학습자료를 외워서 경연 형식으로 발표하는 문답식 학습경연 대회도 예선-준결승-결승으로 진행되어 수령 교시와 당정책에 대한 이해도를 높이도록 한다. 농근맹의 사상학습과 생활총화는 개별 농장 및 기관의 당위원회와 농근맹위원회의 이중 지도 체계 아래 이루어지며, 그 결과는 상급기관에 보고된다. 분조별 학습회, 농사성과 평가 외에도 독서회, 체육회, 농촌 구락부 등 자율 동호회 활동도 병행된다. 농근맹은 직맹과 마찬가지로 노농적위대 및 교도대에 편성되어 연간 30~40일의 군사훈련을 의무적으로 수행한다. 이는 근로단체를 비상시 즉시 군사체제로 전환할 수 있는 구조로 활용하기 위함이다.

교도대는 17~50세 남성, 17~30세 미혼 여성으로 구성되며, 연간 320시간의 훈련을 받는다. 교도대는 제대군인 중심의 정예 예비전력으로서, 인민무력부 후방군단 소속 정규군 군단장의 지휘를 받으며 전시에는 전방 투입 또는 후방 방어 임무를 수행한다. 노농적위대는 17~60세 남성과 17~30세 미혼 여성으로 구성된 대규모 민간 예비군 조직이다. 당 군사위원회 지휘 아래, 연 160시간의 훈련과 함께 주말·월말 야외 훈련을 병행한다. 이들은 평시에는 민방위 역할, 전시에는 보충역 및 향토방어 임무를 수행하며, 사격·제식·행군·화생방 훈련 등 기초 군사훈련을 꾸준히 진행한다.

5) 조선사회주의여성동맹: 기혼 여성들의 정치 조직

(1) 조선사회주의여성동맹 개요

조선사회주의여성동맹(이하 여맹)은 북한이 여성들을 공산주의 사상으로 무장시키고, 여성 노동력을 사회활동에 동원하기 위해 설립한 근로단체이다. 북한은 여맹의 기원을 1945년 창립된 '북조선민주여성동맹'으로 보고 있으며, 1951년 남북한 여성동맹을 통합하여 지금의 형태로 발전시켰다고 주장한다.

여맹의 가입 대상은 직장을 퇴직한 30세 이상 70세 이하의 전업주부 여성이다. 북한에서 여성의 퇴직 연령은 직종에 따라 다르다. 교사나 의사처럼 정년까지 일하는 경우도 있지만, 대부분의 여성은 결혼과 동시에 직장을 그만두는 경우가 많다. 원래 여맹의 가입 연령은 한때 18세 이상의 여성 전체였지만, 1983년 5차 대회 이후 30세 이상 가정주부로 제한되었고, 2021년에는 은퇴 연령이 70세로 상향되어 조직생활 기간이 대폭 늘어났다. 현재 여맹원의 수는 약 200만 명(정년퇴직 연령 55세 기준)으로 추정된다.

1970년대 여맹은 결혼 연령을 28세로 늦추는 정책을 통해 여성의 노동참여, 사회참여를 독려하였으며, 이는 생산노동력 확보에 기여하였다. 그러나 김정일 시기 어버이 수령, 어머니당으로 구성된 '사회주의 대가정'론이 재강조되면서 북한여성들은 수령에 충실한 일꾼으로 자녀를 교육하는 어머니의 역할과 체제유지를 위한 노력 동원의 일꾼이자 가정 경제를 위해 장마당활동을 하는 3중고의 어려움을 감내하고 있다. 여맹정책 어디에도 독립된 주체로서의 여성에 대한 교양내용은 전무하다.

1990년대 '고난의 행군' 시기 배급제가 붕괴되면서 많은 여성들이 가족 생계를 위해 장마당 활동에 뛰어들었고, 이로 인해 여맹의 조직력은 약화되었다. 여맹은 김일성의 어머니 강반석과 김정일의 어머니 김정숙을 롤모델로 삼고 있다. 여성 스스로 공산주의자로 성장하는 것과 자녀를 수령에 충실한 인물로 양육하는 것을 강조한다. 김정은은 2012년 '어머니날'(11월 16일)을 제정하고, 제4차 어머니 대회를 개최하였으며, 2016년에는 33년 만에 여맹 6차 대회를 열고 단체 명칭을 '조선사회주의여성동맹'으로 변경하였다. 이 자리에서 김정은은 여맹의 조직활동 강화를 지시하고, 인민군대 원호사업, 반사회주의·비사회주의 투쟁, 자녀 사상교양의 책임 강화 등을 강조하였다. 여맹은 단순한 여성 정치 조직을 넘어 가정에서 자녀를 관리·감시하는 체제의 말단 사상검열기관으로 기능하고 있다.

(2) 조선사회주의여성동맹 조직

조선사회주의여성동맹(여맹)의 조직은 조선노동당 근로단체부의 지도를 받으며, 중앙위원회가 최고 의결·집행기구로 전국 여맹조직을 총괄한다. 전원회의는 연 2회 개최되며, 기관지로는 《조선여성》을 발행한다. 하위 조직은 도·시(구역)위원회 → 군위원회 → 리(동)위원회 → 초급단체 순으로 구성된다. 리(동)위원회는 읍·면·동 단위 조직, 초급단체는 마을 인민반 단위로 구성된다. 실제 여맹 조직생활은 20~40가구 규모의 인민반을 단위로 이루어지며, 생활총화, 정치 학습, 강연회, 선동 활동 등을 수행한다. 여맹은 사상교양과 통제, 각종 동원사업을 수행하며, 인민반은 행정·생활·감시 기능을 담당한다. 두 조직은 상호보완적으로 기능하여 사회주의 체제 유지의 말단 통제 메커니즘을 형성한다. 도시지역에서는 여맹과 인민반장이 분리되어 활동하지만, 농촌에서는 여맹위원장이 인민반장을 겸직하는 경우가 많다. 농촌 여맹은 대체로 정년퇴직한 여성 중심으로 구성되어 조직생활이 느슨하며, 생활총화도 월 1회 수준으로 형식적으로 진행되는 경우가 많다. 반면 도시지역 여맹은 돌격대를 조직해 농촌지원, 건설현장에 동원하는 정치동원조직으로서 역할을 수행하고 있다.

김정은 시기에는 '여맹돌격대' 활동이 더욱 강화되어, 여맹원들이 건설현장이나 농촌 원농작업에 7~10일간 투입되고 있다. 최근에는 전담 '원농 돌격대'도 조직되어 모내기, 김매기, 퇴비 운반 등의 농번기 노동에 동원된다. 이처럼 여맹돌격대는 무보수 혹은 저임금에 고강도 노동을 수행하여 다른 정치 학습과 봉사노동은 면제될 정도로 강도 높은 활동을 수행한다.[31] 최근 여맹은 직맹이나 농근맹과 비교하여 전업주부라는 회원들의 특성을 반영하여 많은 인력을 임의시간에 동원할 수 있는 동원력과 장마당에서 장사하는 회원들의 증가로 현금동원력도 가진 큰 조직이 되었다. 그 영향으로 다른 근로단체에 비해 회원수와 역량이 미비했던 과거와 달리, 2024년 김정순

---

[31] 「뉴스1」, 2025년 3월 9일.

여맹위원장이 노동당 근로단체부장으로 선임되는 등 그 위상이 강화되고 있다.32)

(3) 조선사회주의여성동맹의 조직생활

여맹원은 주 1회 이상 생활총화에 참여하여 자기비판과 상호비판을 수행하고, 정기적인 정치학습, 강연회, 집회에 참여한다. 김정은 정권은 COVID-19 팬데믹을 계기로 주민 통제를 강화하였으며, 여맹을 시장 통제의 수단을 적극 활용하고 있다. 수요 정기학습, 금요 강연회, 토요 생활총화 등 주간 활동이 정례화되면서 출석 관리와 불참자 단속이 엄격해졌고, 여맹 차원에서 장사 불참이나 동원 회피를 비사회주의 행위로 간주하는 분위기까지 형성되었다. 최근에는 여맹원들 사이에서 "차라리 직장을 다니는 것이 낫다"는 말이 나올 정도로 조직생활의 강도가 높아졌으며, 일부는 장사를 포기하고 공장·기업소에 재취업하기도 한다.33) 여맹원이 공장에 출근하게 되면 직맹으로 소속이 자동 전환된다. 이러한 조치는 장마당에 종사하는 여성들의 사상 이완을 차단하고, 가정을 사회주의 체제 유지의 거점으로 활용하려는 북한 당국의 전략과 맞물린다. 나아가 식량 배급권을 국가가 다시 장악하려는 의도도 함께 드러난다. 2021년 여맹 규약 개정으로 여맹 은퇴 연령이 70세로 연장되면서, 여맹원들은 더 오래 맹비를 납부하고, 사상교육과 생활총화, 각종 노력동원에 참여

---

32) 「자유아시아방송」, 2024년 7월 2일.
33) 장마당에서 장사할 수 있는 연령이 45세 이상으로 관리되고 있다.

하게 되었다. 여맹비는 월수익의 2% 혹은 약 2,000원 수준으로, 여맹 노동이 무보수임에도 불구하고 금전적 부담은 추가되었다. 이처럼 북한의 전업주부들은 집에서 살림을 살고 장마당에서 가족들의 생계를 책임지는 고단한 생활을 하면서도 여맹활동으로 각종 사상교양사업, 정치사업, 노동현장에 무보수로 참여해야 하는 이중고를 겪고 있다. 또한 55세 퇴직 이후에도 70세까지 장기간 조직생활에 묶이게 되어 노동현장에도 투입되어야 하는 부담이 늘었다. 예전에는 여성들이 뇌물을 주고 여맹과제와 동원에서 빠지기도 했지만, 뇌물비용 등의 증가와 장마당 장사 기준 연령이 45세 이상으로 규정되어 전업주부에서 직장을 다시 다니려는 여성들이 증가하는 현상도 보이고 있다.[34]

4. 조직이라는 일상의 감옥

북한 사회에서 근로단체의 조직활동은 단순한 정치활동을 넘어 주민의 일상을 구속하는 체계적 통제수단으로 작동하고 있음을 확인하였다. 북한의 수령 유일영도체계는 사회주의가 고안한 프롤레타리아 독재체계에 충실히 따르고 있다. 프롤레타리아 독재는 수령을 중심으로 당, 국가권력기관 그리고 근로단체로 구성된 통치구조를 형성한다. 당원을 제외한 대부분의 인민대중은 근로단체를 통해

---

[34] 「자유아시아방송」, 2024년 10월 29일.

체제 내로 포섭된다. 근로단체는 당의 영도 아래 인민을 정치적으로 조직화하고 통제하는 주된 매개체로 기능한다. 북한 주민들은 만 7세의 조선소년단 입단부터 시작해 청년동맹, 직맹, 농근맹, 여맹에 이르기까지 생애 전반을 근로단체에 소속되어 살아가게 된다. 이러한 조직의 사다리는 주민 개개인의 일상에 깊숙이 파고들어 국가가 주민의 삶을 계획적으로 점검하고 지도·통제하는 구조로 기능한다.

김정은 정권은 조직생활을 통해 주민 개개인의 충성심을 내면화시키는 동시에 시장화로 흔들리는 사회 분위기를 다시 김일성-김정일주의로 통합하려는 전략을 강화해왔다. 특히 근로단체의 핵심 활동 중 하나인 생활총화는 주민들의 일상에 국가가 직접 개입하여 사상·생활태도를 점검하고, 개인의 사적 공간을 국가에 예속시키는 강력한 통제 장치로 작동한다. 주민들은 주간·월간·분기별로 진행되는 생활총화에서 자신과 동료들의 생활과 사상을 공개적으로 검토하고 비판·자아비판을 강요당하며, 이를 통해 사상의 순결성을 끊임없이 검열받는다. 생활총화는 단순한 조직생활을 넘어 주민 개개인의 사적 일상마저 국가 권력의 지배하에 놓이게 만드는 역할을 한다. 개인은 근로단체의 회합과 총화, 집단 학습과 건설 동원 등으로 일상의 대부분을 국가와 조직에 바쳐야 하며, 자율적 휴식이나 가족생활, 개인의 사적인 생각마저 통제받는다. 즉, 북한 주민들은 근로단체 조직생활을 통해 일상의 감옥에 갇혀 국가의 시선 아래 끊임없이 감시·통제당하는 상황에 놓여 있다.

김정은 정권은 생활총화와 근로단체 활동을 통해 주민들의 정권에 대한 비판이나 불만을 사전에 차단하고, 국가 권력에 대한 절대적 충성을 유지하고 있다. 경제계획(5개년 계획 등)의 건설 동원, 정치행사(충성의 맹세, 지도자 생일행사 등) 동원 역시 근로단체의 조직망을 통해 이루어지며, 주민들은 개별 근로단체에 소속되어 모든 국가 과업에 동원된다. 이는 곧 개인의 노동력뿐 아니라 정신적·사상적 자율성까지 국가가 철저히 수탈하는 구조라고 할 수 있다.

조직생활 결과는 중앙당까지 취합되는 보고체계를 통해 체계적으로 관리되며, 주민 개개인의 사상적 충성도를 점검·평가하는 기준으로 활용된다. 이는 국가가 주민의 사상과 생활 전반을 직접 관리하며, 내부의 불평분자나 이탈자를 선별·처벌하는 기능까지 수행한다. 결국 북한 사회의 근로단체 활동은 주민의 일상 전반을 '감옥'처럼 옥죄는 통제망이자, 국가 권력의 절대성을 재생산하는 중요한 도구로 자리 잡았다.

북한의 근로단체 조직생활은 주민들의 자율성을 억압하고, 국가가 개인의 삶 전반을 사상적으로 재편하는 장치로 작동한다. 근로단체는 주민들의 일상을 국가가 감시·통제하는 '일상의 감옥'으로 기능하며, 북한 주민들의 개인적 삶을 사실상 국가 권력에 예속시키고 있음을 알 수 있다.

참고문헌

1. 국문 단행본

미셸 마페졸리 외. 박재환 외 역.『일상생활의 사회학』. 서울: 아카데미 한울. 2010.

박영자.『김정은 시대 조선노동당의 조직과 기능: 정권 안전화 전략을 중심으로』. 서울: 통일연구원. 2017.

박영자 외.『북한 주민의 가정생활: 국가의 기획과 국가로부터 독립』. 서울: 통일연구원. 2023.

이미경 외.『북한 도시의 위기와 변화: 1990년대 청진, 신의주, 혜산』. 서울: 한울아카데미. 2006.

이온죽 외.『김일성사회주의청년동맹과 조선민주녀성동맹: 사회변동과 체제유지의 기제』. 서울: 서울대 출판문화원. 2010.

정성임 외.『조선로동당의 외곽단체』. 서울: 한울. 2004.

정영태 외.『북한의 부문별 조직 실태 및 조직문화 변화 종합연구: 당·정·군 및 경제·사회부문 기간조직 내의 당 기관실태를 중심으로』. 서울: 통일연구원. 2011.

최지영 외.『북한 일상생활 공동체의 변화』. 서울: 통일연구원. 2021.

2. 국문 논문

권수현. "북한 조선민주여성동맹의 변화와 지속."『사회과학연구』. 제18권 2호 (2010). pp. 8~38.

김근식. "북한식 민간단체의 현황과 변화 전망."『평화연구』. 제11권 1호 (2002). pp. 91~114.
김종수. "북한 체제 변화와 청년동맹: 동유럽 사례와 비교."『평화학연구』. 제11권 1호 (2010). pp. 105~126.
김종수. "북한 김정은 시대 청년동맹 연구."『통일정책연구』. 제22권 2호 (2013). pp. 51~78.
김진환. "조선노도당의 집단주의 생활문화 정착시도."『북한연구학회보』. 제14권 2호 (2010). pp. 23~48.
김화순. "시장화시기 북한 주민의 일유형 결정요인."『통일정책연구』. 제22권 1호 (2013). pp. 79~112.
문장순. "북한조선여성동맹의 역할변화와 그 요인."『평화학연구』. 제11권 1호 (2010). pp. 127~146.
문장순. "북한 대가정론의 변용과 정치적 함의."『대한정치학회보』. 제25집 3호 (2017). pp. 49~68.
박보람. "북한 사회주의도덕 개념 기초 연구."『윤리 연구』. 제135호 (2019). pp. 191~212.
이우영·황규진. "북한의 생활총화 형성과정 연구."『북한연구학회보』. 제12권 1호 (2008). pp. 121~145.
이형종. "김정은 정권의 사상의식 통제와 북한 주민의 의식변화."『현대북한연구』. 제27권 2호 (2024). pp. 172~205.
정후남. "북한 5대 근로단체 조직의 운영체제와 역할 분석."『북한학보』. 제46집 1호 (2021). pp. 90~129.

3. 북한 문헌

김정일. "청년들과의 사업에 힘을 넣을데 대하여."『김정일 선집』제13권. 평양: 조선로동당 출판사. 1988.
방완주.『조선개관』. 평양: 백과사전출판사. 1988.
조선로동당출판사.『위대한 수령 김일성동지의 불멸의 혁명업적10: 주체형의 혁명적 근로단체 건설』. 평양: 조선로동당출판사. 1998.

4. 기타 자료

『노동사회』.
『데일리NK』.
『아시아프레스』.
『연합뉴스』.
『자유아시아방송』.
『통일경제』.
『통일한국』.
『한국민족문화대백과사전』.
『남북지식사전』(2021).

제2장

북한의 민생경제 현황과 핵문제 해결 이후 변화 가능성 검토*

김미연

1. 북한 주민들의 삶은 나아질 수 있을까

2018년부터 2019년까지 두 차례 미국과 북한이 정상회담을 추진하던 시기만 해도 북한의 비핵화와 개혁·개방에 대한 기대감이 있었다. 그러나 협상은 결렬되었고, 이후 미·중 간 패권 경쟁이 심화됨에 따라 북한의 국제사회 진입 가능성은 요원해졌다. 게다가 북한은 강력한 대북 경제제재 상황에서도 국가 중장기 발전전략으로 '사회주의 전면발전론'을 내세우는 한편, 시장을 체제 유지를 위한 도구로 활용하는 등 적절한 통제의 경로를 따르고 있다.[1) 중국, 베트

---

* 이 글은 김미연, "북한의 민생경제 현황화 비핵화 이후 변화 가능성,"『KDI 북한경제 리뷰』, 2024년 7월호, 한국개발연구원 (2024), pp. 89~101. 수록 내용을 중심으로 북한의 민생경제 변화를 위한 방안을 추가 검토하여 작성한 내용입니다.

남의 경제 개혁·개방 사례를 바탕으로 대내적인 개혁만으로도 소기의 성과를 거둘 수 있다는 주장이 있으나, 미국과의 관계 개선이 경제성장을 위한 선결 과제라는 데는 대체로 공통된 의견을 모은다.[2]

이 글은 북한이 핵문제 해결에 전향적인 태도를 보이고 미국과 대화가 진전될 경우 국제금융기구 등 국제사회의 다양한 지원을 통해 북한경제가 성장하고 주민들의 삶이 개선될 것이라는 기존 연구들에 주목한다.[3] 특히 북한이 핵문제 해결 이후 진정한 개혁·개방의 길로 나선다면 북한의 민생경제가 어떻게 변화할 것인지, 그 잠재성에 주목하고자 한다. 그러면 북한주민이 "좀 더 살기 좋아졌다. 이전보다 형편이 나아졌다."고 변화를 체감할 수 있는 것이 무엇일까. 아마도 각자의 주머니 속 사정, 우리 집 형편이 아닐까 싶다.

이미 북한 주민의 주머니 속 사정을 알아보기 위한 시도들이 있었다. 이석(2015)은 2008년 북한의 센서스 데이터를 토대로 가구소득을 추정하고 북한은 최빈국 수준이라고 밝히고 있다.[4] 채수란

---

[1] 김태경, "'사회주의 전면발전론'과 김정은 정권 중장기 국가전략: 개혁개방기 중국 장기 발전전략의 비교적 시각," 『한국정치연구』, 제32집 1호 (2023), pp. 197~229; 백명숙, "역사적 제도주의 관점으로 본 북한 시장 발전의 경로분석에 관한 연구," 『북한연구학회보』, 제26권 2호 (2022), pp. 39~74.

[2] 구기보, "중국과 베트남 경제개혁의 북한에 대한 적용방안 모색," 『국제지역연구』, 제27권 2호 (2023), pp. 21~42; 차성근, "북한 독재체제의 경제 개혁 개방 가능성에 대한 고찰: 중국과 베트남 개혁 개방사례와 비교," 『전략연구』, 통권 제87호 (2022), pp. 233~256.

[3] 박해식·이윤석, "북한의 경제개발을 위한 금융 활용방안," 『KIF VIP 리포트』, 2018-04, 한국금융연구원 (2018), pp. 1~113; 임반석, "주요 MDB의 개도국 지원 사례로 본 북한 지원에 대한 시사점," 『국제지역연구』, 제27권 3호 (2023), pp. 145~180; 진윤호, "베트남 투입산출표를 이용한 국제금융기구 지원의 경제적 효과 분석과 북한에 대한 시사점," 『비교경제연구』, 제30권 2호 (2023), pp. 127~149.

[4] 이석, "북한의 가구경제 실태 분석과 정책적 시사점," 『정책연구시리즈』, 2015-11, 한국개발연구원 (2015), pp. 1~117.

(2019)은 평양시민의 종합시장 경제활동에 관한 탈북민 면접조사를 통해 평양시민의 소득수준 및 특징을 분석했다.5) 김석진·홍제환(2019)은 다중지표군집조사(MICS) 자료를 활용하여 북한과 개도국 재산을 비교한 결과, 북한의 재산수준은 2017년 기준 중상위 개도국보다 훨씬 낮고 최빈국보다는 한층 높으며, 중하위 개도국 평균보다 비슷하거나 약간 낮은 것으로 평가했다.6)

그러나 알다시피 북한주민의 가계소득을 파악할 수 있는 직접적이고 객관적인 데이터는 턱없이 부족하다. 앞서 소개한 기존 연구들도 시기상 10년이 지난 분석 결과이거나 특정 지역에 국한된 자료 또는 추정치이므로 현실과 괴리가 있다는 점에서 아쉬움이 있다. 이처럼 북한주민의 가계소득 파악이 쉽지 않은 가운데 2024년 통일부가『북한 경제·사회 실태 인식보고서』에서 다룬 사경제 활성화, 자산 사유화에 관한 주요 설문 응답 결과들은 북한주민들의 주머니 속 사정과 가계 형편 변화에 대한 간접적인 파악을 돕는다.7)

한편 개혁·개방 시기 중국의 민영경제 발전 경험 사례는 핵문제 해결 이후 북한의 민생경제 변화 가능성을 전망하는 데 유용하다. 중국의 경험을 통해 경제 자본을 중심으로 북한 당국 기관 소속 간부, 돈주, 일반 주민 등이 각자의 위치에서 어떤 방식으로 성공을 경험할 수 있는지에 대한 가능성도 엿볼 수 있을 것이다.

---

5) 채수란, "북한이탈주민 면접조사를 통해 본 평양시민의 가처분소득과 소비행태: 종합시장 경제활동을 중심으로," 『통일인문학』, 제77집 (2019), pp. 283~324.
6) 김석진·홍제환, "국제 비교를 통해 본 북한의 생활수준,"『KINU 정책연구시리즈』, 19-03, 통일연구원 (2019), pp. 1~131.
7) 통일부 외,『북한 경제·사회 실태 인식보고서』(서울: 통일부, 2024), pp. 1~280.

2. 김정은 시대 북한의 민생경제 현황 엿보기

2012년 김정은 집권 이후부터 2016년 이후 대북 경제제재 본격화 이전까지 북한의 경제성장률은 대체로 성장 추이를 나타냈다. 그러나 2017년부터 마이너스 성장에서 벗어나지 못하고 있는 실정이다.[8] 한편 2023년 북한 경제성장률은 4년 만에 성장세로 전환했다. 이는 코로나19로 인한 무역 통제의 완화, 중국과의 대외 교역이 일부 회복된 결과를 반영한 것으로 보인다. 이외 양호한 기상 여건으로 인한 농업생산량 증가를 비롯하여 러시아와의 경제협력 확대, 건설업 활성화도 경제성장률 증가에 영향을 미친 것으로 파악된다.

〈표 1〉 김정은 집권기 북한 경제성장률(단위: %)

연도	2012	2013	2014	2015	2016	2017	2018	2019	2020	2021	2022	2023
성장률	1.3	1.1	1.0	-1.1	3.9	-3.5	-4.1	0.4	-4.5	-0.1	-0.2	3.1

출처: "북한의 경제활동별 국내총생산," 「한국은행 경제통계시스템」, 2025년 4월 28일; 〈https://ecos.bok.or.kr/#/SearchStat〉.

북한의 민생경제 현황을 보여주는 척도인 시장 활성화 측면에서도 집권 전반기에는 사금융의 급속한 성장 등이 관찰되었으나 2017년 이후 시장 위축, 북한가계의 금융자산 및 부채규모 축소가 나타났다.[9] 비교적 최근의 북한 사금융 실태를 계량적으로 제시하는 자

---

[8] 김정은 집권 전반기(2012~2016년)와 후반기(2017~2022년)로 구분하면, 전반기 평균 경제성장률은 1.2%인 반면, 후반기 평균 경제성장률은 -2.0%를 기록하고 있다. 마이너스 성장요인에는 코로나19 발생에 따른 무역 감소, 수해 피해 등도 포함된다.

료에서는 사금융의 규모와 경제적 효과가 생각보다 크지 않을 수 있다고 밝히고 있다.10) 또한 사금융의 규모와 기능이 확대되었으나 일반 주민보다 특권층을 중심으로 발달해 오히려 민생경제는 악화될 것이라는 전망도 있다.11) 반면에 앞선 연구 결과와 달리 2013년부터 2022년까지 탈북민을 대상으로 한 설문조사 및 심층 인터뷰 결과에 따르면, 사업을 통해 부자가 된 주민이 '많아졌다'고 응답한 비율이 김정은 집권 이전에는 59.9%였으나 김정은 집권 이후 67.7%로 증가했다. 이는 국영경제 중심의 경제활동을 하던 북한주민이 사경제 중심으로 옮겨가는 추세가 관찰되는 점, 사경제활동 중 사금융 행위가 점차 증가하는 점, 그리고 주택, 기업 등 비교적 소규모 국유자산의 사유화가 확대되는 추세와 무관하지 않다고 본다.12)

1) 사경제의 활성화

2010년 이전만 해도 채소 및 과일 등의 재배, 가금·축산 및 어업, 가내 수공업품 제작 등과 같은 북한주민의 사경제활동은 시장 판매를 통한 소득 확보가 아닌 가구 자체 소비를 위한 경제활동으로 이해되었다.13) 그러나 김정은 집권 이후 시장은 관료, 자본가 등의 이

---

9) 조동호 외, "북한 사금융 실태와 북한 금융제도의 변화," 『KIF Working Paper』, 2021-01, 한국금융연구원 (2022), pp. 1~4.
10) 이주영·문성민, "북한 비공식금융 실태조사 및 분석·평가," 『BOK 경제연구』, 제2020-16호, 한국은행 경제연구원 (2020), pp. 1~35.
11) 이지선, "김정은 시대 북한의 사금융 동학과 변화 가능성," 『INSS 연구보고서』, 2022-19, 국가안보전략연구원 (2022), pp. 67~68.
12) 통일부 외, 『북한 경제·사회 실태 인식보고서』, pp. 49~158.
13) 이석, "북한의 가구경제 실태 분석과 정책적 시사점," pp. 44~49.

익을 유지·확대하는 공간으로 인식되고 시장 친화적 정책을 기반으로 활성화되기 시작했다.14) 집권 후반기로 갈수록 시장의 양적 증가는 관찰되지 않았으나 시장의 시설규모가 확대되었으며 공식적인 종합시장 이외 다양한 방식을 통한 상품의 소비·유통이 점차 증가했다.15) 이러한 변화 속에 시장에서 소매 장사 이외 텃밭·뙈기밭 경작 처분, 되거리장사, 밀수 등 다양한 사경제활동 유형들이 목격되고 그 비중도 커졌다. 게다가 사경제활동의 증가는 비공식 소득 확대로 이어져 실제 생활에 필요한 자금 이외 사용이 가능한 여유자금 보유자 비율도 증가시켰다.16)

북한가계의 비공식 소득 증가는 소비재 시장 발달과도 밀접한 관련이 있다. 김정은 집권 이후 기업의 시장 판매 경로를 안정적으로 보장하고 가계의 실질소득이 증가함으로써 소비재 생산과 유통이 다양해졌다.17) 식료품 위주의 지출에서 의류나 내구재 소비 지출로 변화된 소비패턴의 변화는 가계소득의 증가, 사경제 활성화와도 연결 지어 생각할 수 있다. 좋은 품질의 소비재 생산과 유통은 주민의 생활여건 및 후생수준 개선과 밀접한 관련이 있으며, 이는 시장보다

---

14) 홍민 외, "북한 전국 시장 정보: 공식시장 현황을 중심으로,"『KINU 연구총서』, 16-24, 통일연구원 (2016), pp. 9~16.
15) 홍민 외, "2022 북한 공식시장 현황,"『KINU 연구총서』, 22-28, 통일연구원 (2022), pp. 9~10.
16) 사경제활동 인구의 5년 단위 시계열 변화에 따르면 사경제 전업 종사자 비중은 2006~10년(28%), 2011~15년(31%), 2016~20년(37%)로 계속해서 증가한 반면, 국영경제 전업 종사자 비중은 같은 기간 각각 28.2%, 27.3%, 23.5%로 지속적으로 감소했다. 또한 2016~20년 주된 소득원이 공식 소득이라고 답한 비율이 23.8%인 반면 비공식 소득이라고 답한 비율은 69.4%로 조사되었다. 통일부 외,『북한 경제·사회 실태 인식보고서』, pp. 54~64.
17) 최지영 외, "김정은 집권 이후 북한의 소비재 생산과 유통 실태,"『KINU 연구총서』, 23-17, 통일연구원 (2023), p. 47.

가격이 높아도 질 좋은 상품을 빠르게 구매할 수 있는 상점의 종류와 이용 횟수가 증가하는 현상에 대한 이해를 돕는다.[18]

한편, 사경제의 활성화가 가져온 가계소득 증가와 지출에서 사금융의 변화를 떼어 놓고 생각하기 어렵다. 여유자금의 은행, 저금소 보관 비율이 작게나마 상승하고 있지만 여전히 낮은 수준이고 집 보관 비율이 높다.[19] 그러나 사경제 활성화로 인해 개인 창업 등이 증가해 장사 밑천을 위한 '개인 대 개인' 간 금융 거래는 오히려 증가하는 추세다. 게다가 사금융을 주도하는 돈주가 개인에게 자금을 유통하던 역할에서 국영기업소, 협동농장까지도 거래함으로써 생산과 서비스분야에 영향을 미치고 있으며 이는 사경제 발달을 더욱 촉진하는 역할을 한다.[20]

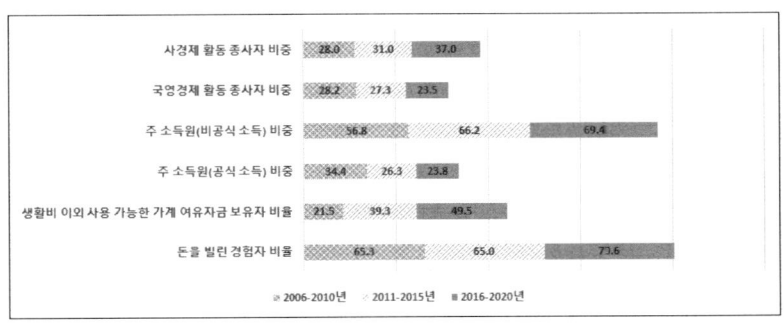

〈그림 1〉 사경제 활성화 현황(단위: %)

출처: 통일부 외, 「북한 경제·사회 실태 인식보고서」, 통일부(2024) 자료를 참고하여 재작성

---

[18] 홍민 외, "평양의 도시정치와 공간구조," 『KINU 연구총서』, 23-27 통일연구원 (2023), pp. 134~137.
[19] 여유자금의 은행, 저금소 보관 비율은 2006~10년(1.4%), 2011~15년(0.8%), 2016 ~20년(2.9%)로 응답 분포를 보였다. 통일부 외, 『북한 경제·사회 실태 인식보고서』, pp. 125~128.
[20] 조성은, "김정은 시대 북한 가계소득 변화와 함의," 『보건복지포럼』, 한국보건사회연구원 (2022), pp. 15~16.

2) 자산의 사유화

'내 집 마련'의 꿈은 북한주민에게도 예외가 아니다. 북한에서 주택 이용권을 거래하는 시장은 1970년대부터 형성되어 있었다. 간부들에게 배급받은 주택은 노후 대비책이자 중요한 개인 재산으로 인식되었고, 일부 간부들 사이에서는 '내 집 짓기'가 유행했다. 게다가 1980년대는 중국, 러시아, 일본 등 해외 연고자들이 북한으로 이주하면서 주택 배정 제도는 유명무실해졌고 주택의 음성적 매매가 성행했다.[21] 1990년대에는 주택 이용권 거래를 단속하기 위한 규정들이 만들어졌으나 여전히 거래는 지속되었다. 이후 2000년대 시장의 발달, 자본을 축적한 개인들의 주택 건설 참여 등으로 주택 이용권 거래 시장이 생겨났고 중개업자와 거래소를 통한 주택 교환 사례도 등장했다.[22] 더욱이 김정은 집권 이후 추진된 대규모 건설사업 추진은 거래 열풍을 촉진했다. 주택 건설 목표를 채우기 위해 건설에 필요한 당국의 인·허가가 쉬워졌고, 돈주가 주택 건설의 투자자가 됨으로써 중개인을 통한 주택 분양이 자연스레 나타났다.[23]

주택 이용권 거래뿐만이 아니라 소규모 토지에 대한 사유화도 진행 중이다. 북한은 「토지법」 개정에 신중히 접근하면서도 일련의 조치를 통해 주민들의 소토지 개간 및 거래 관련 문제에 대응해 왔다.

---

[21] 홍민, "북한의 아파트 건설시장과 도시정치," 『KDI 북한경제리뷰』, 2014년 8월호, 한국개발연구원 (2014), pp. 36~45.
[22] 문흥안, "북한 살림집법 관련 법제를 통해 본 북한 부동산 시장의 변화," 『북한법연구』, 제18호 (2018), pp. 111~149.
[23] 홍민 외, "평양의 도시정치와 공간구조," pp. 30~32.

토지를 사적으로 소유하고 매매하는 것을 법으로 금지해 왔으나, 2011년 전국적으로 주민들이 개간한 개인 텃밭에 대한 세금을 부과하고 사용 허가를 공식화함으로써 소토지의 사유화 및 매매는 확대되었다.24) 기업의 경우도 크게 다르지 않다. 허가된 기관·단체의 명의나 생산수단을 빌리거나 돈주로부터 자금을 투자받아 개인 기업을 운영하는, 사실상의 사유화는 지속적으로 확대되고 있다.25) 전반적으로 국가 소유의 중앙·지방 공장을 비롯하여 상점, 식당, 편의서비스업에서 개인 운영이 빠르게 상승하고 있다.

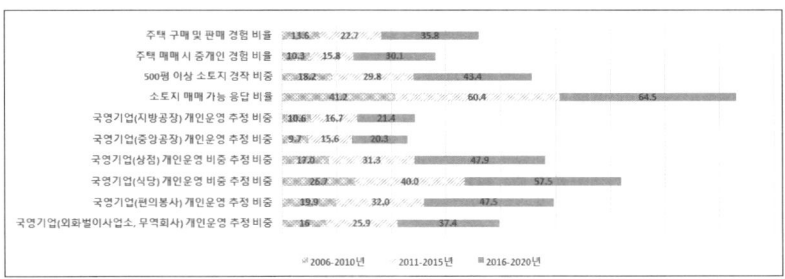

〈그림 2〉 자산 사유화 현황(단위: %)

출처: 통일부 외, 「북한 경제·사회 실태 인식보고서」, 통일부(2024) 자료를 참고하여 재작성

---

24) 북한에서 소토지는 비농경지 중 개인이 경작하는 토지를 의미한다. 소토지 유형에는 텃밭, 부업지, 주민지구 소토지와 산업소토지, 산림소토지, 수역소토지가 있다. 소토지 경작비중은 지역에 따라 차이가 있으며 그 규모는 수십평에서 수천평으로 다양하다. 일반적으로 텃밭은 30~50평 규모, 뙈기밭은 100~1,000평으로 2004년 북한 당국이 400평까지 소토지 경작을 허용함에 따라 텃밭 경작은 합법, 뙈기밭 경작은 불법으로 분류하기도 했다. 김병욱, "북한토지법제 동향과 변화전망," 『통일법제 연구』, 18-19, 한국법제연구원 (2018), pp. 25~77.
25) 양문수·윤인주, "북한 기업의 사실상의 사유화: 수준과 추세에 관한 정량적 분석," 『통일연구』, 제20권 2호 (2016), pp. 46~88.

3. 중국이 경험한 민영경제 발전 사례의 교훈

중국의 경제 개혁·개방 과정에서 성공을 이끈 요인으로 꼽히는 것 중 하나가 등소평(鄧小平)의 지도력을 통한 민영경제의 발전이다.[26] 1992년 등소평은 선전(深圳) 경제특구 등 남방 연해 지역 시찰 이후 중국 개혁·개방의 새로운 방향은 기존 계획경제 체제에 대한 수정이 아닌 완전한 시장경제 체제의 확립이라고 선언했다. 특히 민영경제 도입에 대한 비판적 여론에 대해 '주민들의 생활 수준 향상에 유리'하다면 과감히 발전시켜야 한다는 기본 원칙을 제시했다. 이 시기 민영경제는 국영경제를 '보충'한다는 인식에서 벗어나 '중요한 구성 부분'으로 전환되었으며 주민들이 변화를 체감할 수 있는 다양한 성공 사례를 이끌었다.

1) 시장과 민간자금의 활용

중국 원저우(溫州)지역은 가정 수공업 형태로 제품을 생산해 시장에 판매함으로써 농민들의 생활이 개선된 지역으로 유명하다. 원저우지역의 상인을 '동양의 유대인'이라 부를 정도로 원저우지역 사람들은 자신의 가게규모가 작은 것에 전혀 괘념치 않는다. 이들은 어디서든 상품을 만들어 장사를 하고 시장을 만들어 냈으며, "원저우 사람 있는 곳엔 시장이 있다"라는 말이 통용되었다. 일찍이 원저우지역은

---

[26] 전재성, "덩샤오핑과 김정은: 중국 개혁 개방 모델이 2014년 북한에 주는 함의,"『스마트 Q&A 인터뷰』, 서울대학교 동아시아연구원 (2014), pp. 1~5.

땅이 좁고 인구가 많아서 가족 생산 도급제를 실시한 이후 대량의 유휴 노동력이 생겼다. 1980년대 초부터 집집마다 조상에게서 물려받은 손재주를 이용해 라이터, 안경, 구두, 의류, 나사, 밸브 등 다양한 수공업 제품을 생산해 시장에 판매했다. 원저우 시는 소규모 상품 전문 판매 시장을 허용하고 전국 각지의 구매상들을 불러 모았다. 1985년에는 13.3만 개의 가정 수공업 공장들이 생겨났으며 1982년 705개로 시작한 소규모 상품 시장 매대가 6,131개로 증가하기에 이르렀다. 〈사례 1〉은 당시 원저우지역에서 시장과 민간자금을 적극적으로 활용하여, 소규모 조립 공장이 대규모 민영기업으로 성장한 사례다.

〈사례 1〉 시장 및 민간자금을 활용한 성공 사례

■ 라이터 왕 저우다후(周大虎·72세)[27]: 시장 및 민간자금 활용
저우다후는 1980년대 중반부터 원저우지역에서 라이터 회사를 차려 전자 라이터를 조립 생산했다. 1990년대 초반 국내 라이터 시장에서 부품 부족 현상이 초래되었고, 그는 광저우(廣州)로 가서 전자 라이터 부품에 대한 해외 수입권을 독점했다. 그러나 대량의 라이터 조립용 부품 수입을 위한 자금이 부족하자 그는 민간금융을 활용해 원저우 시의 라이터 생산공장에 수입 부품을 판매했다. 그 결과 원저우 시 라이터 업체들이 다시 생산에 돌입하게 되었고, 저우다후는 소규모 라이터 조립 공장 사장에서 부품 수입 독점권을 가진 대규모 민영기업인 저장다후(大虎) 라이터공사의 CEO가 되었다.

2) 개체업에서 민영기업으로

중국은 농촌 개혁으로 발생한 노동력 잉여 문제를 해결하기 위해

---

[27] "라이터 왕 저우다후(周大虎)," 「이투데이」(온라인), 2021년 3월 18일; 〈https://www.etoday.co.kr/news/view/2005473〉.

자영업자에게 소형의 수공업, 상업, 음식업, 서비스업, 수리업 및 국가 계획 외 상품 판매와 도매업 종사를 허용했다. 이러한 개체업 종사자는 중국정부의 적극적인 지원 속에 1978년 14만 명에서 1988년에는 2,305만 명으로 개혁·개방 초기에 비해 약 165배나 증가했다. 이들은 점차 경영규모가 확대되어 1990년대에는 개인 수입의 자본화, 공유기업의 민영화, 인력자본의 기업화를 통해 민영기업으로 성장한다.[28]

<사례 2> 민영기업 형성 및 성공 사례

▌'바보 해바라기씨' 창시자 녠광주(年廣久·87세)[29]: 개인 수입의 자본화

중국인들이 좋아하는 간식인 해바라기씨를 상품화해 재벌이 된 사례가 있다. '바보 해바라기씨'라는 뜻의 중국 최고 해바라기씨 브랜드인 '사쯔과쯔(傻子瓜子)'의 창업자 녠광주가 주인공이다. 녠광주는 개혁·개방 이후 시장에 점포를 차려 박리다매 전략으로 해바라기씨를 팔았다. 1980년 '바보 해바라기씨' 상표권을 등록했고 시장 수요량이 늘자 1983년 가공 공장은 100여명의 종업원을 보유한 큰 공장이 되었고 1984년 공사(公私)합영 형태로 바보 해바라기씨 회사를 설립했다. 이 과정에서 경품 제공, 사적 고용 문제 등으로 녠광주는 감옥에 수감됐으나 등소평의 민영경제 발전 촉진에 힘입어 1992년 석방되었다. 그는 다시 전국 13개 도시에 23개 가공 공장을 설치하고 상품을 대량 생산하여 연 생산량 3천만근, 생산액 1억원을 초과했고 국내뿐만 아니라 미국 시장에도 진출했다.

---

[28] 민영경제는 모택동이 「항일시기 경제문제와 재정문제」라는 글에서 처음 사용한 용어로 국유, 국영 이외의 모든 경제형태와 경영방식을 포함한 경제적 범주로서 1. 민간에서 소유와 경영을 모두 담당하는 형태(개체공상호, 사영기업), 2. 국유, 집체기업이 도급제, 임대, 매각, 합병, 주식참여 등 형태로 집체소유 또는 민간 소유이나 기업경영은 민간이 하는 형태 3. 국유주식, 민간주식 등이 혼합된 혼합소유제 형태를 포함한다. 림금숙, 『중국의 민영경제 발전 연구』 (연변대학출판사, 2018), pp. 1~154.

[29] "덩샤오핑도 인정한 '해바라기씨 대왕' 녠광주," 「뉴스퀘스트」(온라인), 2019년 11월 19일; ⟨https://www.newsquest.co.kr/news/articleView.html?idxno=74769⟩.

[30] "한때 中 최고 부자 '유통왕' 감옥 갔다 왔더니 세상이 변했다," 「조선비즈」(온라인), 2021년 4월 9일; ⟨https://biz.chosun.com/site/data/html_dir/2021/04/09/2021040902224.html⟩.

■ 중국가전업체 '궈메이(国美·Gome Retail)'의 황광위(黃光裕·54세)30): 공유기업의 민영화

황광위는 1987년 베이징(北京)의 작은 국영 가전상점의 책임자였다. 1993년 그는 국영상점을 도급받아 체인점을 통일적으로 궈메이라 명명하고 일률적인 가격·판매방식 등을 적용했다. 2004년 궈메이는 증권시장에 상장했고, 같은 해 100개 유명 가전제품 판매 기업에서 2위로 선정됐다. 2006년 궈메이는 상하이(上海) 영락(永樂)생활가전회사를 매입해 과거 국유대형 백화점들이 국내 가전 제품시장을 독점하던 양상을 바꿔 놓았다. 2007년 궈메이는 베이징 대중전기를 인수·합병함으로써 2013년에 이르러 전국 256개 도시에 1,605개 분점을 가진 기업으로 성장했다.

■ 레노버(Lenovo) 그룹, '렌샹집단유한공사(联想集团有限公司)'31): 인력자본의 기업화

레노버는 1984년 중국의 실리콘밸리라 불리는 중관춘(中關村)에서 11명의 중국과학기술원 출신들이 만든 작은 기업으로 출발했다. 이 당시만 해도 레노버는 중국의 PC 제조업체에 불과했다. 그러나 1987년 IBM과 판매대리점 계약을 체결하면서 비로소 성장의 기틀을 마련했고 이후 자체 브랜드 PC인 286컴퓨터 레전드PC를 출시해 PC 제조업체로 탈바꿈하여 중국 소비자들의 입맛에 맞는 컴퓨터를 개발해 중국시장에서 영향력을 확대해 나갔다. 레노버가 세계에 이름을 널리 알린 결정적 계기는 2005년 IBM의 PC사업부 인수를 통해 IBM의 우수인력을 확보한 것이다. 또한 레노버의 성공 요인은 중국시장을 먼저 장악해 체력을 키운 다음 활발한 인수합병(M&A)으로 규모를 성장시킨 데 있다.

3) 토지 이용권의 사유화

앞서 원저우지역 사례에서 언급한 바와 같이 중국은 1979년부터 가족 생산 도급제를 시행했다. 가족 생산 도급제는 북한의 협동농장과 비슷한 인민공사의 토지를 가족 단위로 분배하여 경작하게 함으로써 농업 생산력이 향상됐고, 중국정부는 수많은 농가를 대상으로 토지 이용료를 수취할 수 있었다. 이후 1988년에는 헌법에서 토지

---

31) "글로벌 기업이 된 레노버의 인수합병 비결," 「비즈니스포스트」, 2024년 11월 13일;
⟨https://www.businesspost.co.kr/BP?command=article_view&num=6478#⟩.

임대 금지 규정을 삭제하고 1990년에 토지 이용권의 양도, 임대, 저당을 허용했다. 개혁·개방과 더불어 중국은 토지소유권을 국가가 갖고 있지만 토지 이용권에 한해서는 사유화, 상품화함으로써 국가 재정 예산을 효과적으로 확보할 수 있었다.[32]

4) 성공한 민영기업가들의 출신

중국의 민영경제 발전을 주도한 민영기업가들의 출신에 주목할 필요가 있다. 개혁·개방과 더불어 형성된 민영기업가들의 출신을 보면 농촌 개혁 과정에서 나타난 농민 출신, 리더십과 경제관리 경험이 있는 간부 출신, 기업관리 경험과 전문 기술을 소유한 국유기업 관리자 출신, 전문지식을 소유한 과학기술자 출신 등으로 다양하다. 이들은 각자의 성장 배경과 경험을 잘 살려 성공한 민영기업가로 탈바꿈했다.

'발을 씻고 언덕에 올라온 사람'으로 알려진 량희삼(梁希森)은 산둥성(山東省)지역의 가난한 농민 출신이었다. 그는 개혁·개방 이후 도급받은 토지 농사 수입으로 제분소를 차려 기업을 확대해 산둥성 10대 민영그룹의 대표가 되었다. 고향으로 돌아온 그는 소 축사, 생물 공장을 꾸려 농민들을 취업시키는 한편, 136개의 유럽식 별장을 지어 무료로 농민들을 입주시켜 가난한 어린 시절에 꿈꿨던 새 농촌 건설의 꿈을 이뤘다. 중국 국무원 기관사무관리국 재무사(財務司)

---

[32] 김병욱, "북한토지법제 동향과 변화전망," pp. 78~90.

출신 왕문경(王文京)은 개혁·개방의 물결 속에서 '철밥통을 던지고 창업에 뛰어들어' 소프트웨어 프로그램 개발자로 명성을 떨쳤다. 한편 중국 산둥성에 설립된 칭다오기전공장(淸島機電廠, 국유기업) 소속 부공장장이었던 장서민(張瑞敏)은 은행 대출을 통해 가전제품 기업을 설립했고 국내외 지사, 100여 개 국가에 판매망을 가진 국제적 그룹으로 성장했다. 마지막으로 '환경보호산업을 선도하는 기업가'로 변신한 중의환능(中宜环能)기술유한회사 오동(吳桐) 대표는 과학기술자 출신으로 '도시쓰레기 분류 및 소각 기술'을 발명해 중국에서 환경보호 설비를 생산해 유명해졌다.[33]

4. 북한의 민생경제 변화 가능성과 도전 과제

중국의 경험은 북한의 민생경제 변화 가능성을 전망하는 데 몇 가지 교훈을 준다. 첫째, 시장과 민간자금의 적극적인 활용은 민영기업의 성장을 뒷받침했다. 둘째, 개인 수입의 자본화, 공유기업의 민영화, 인력자본의 기업화 등을 통해 개체업이 민영기업으로 성장할 수 있었다. 특히 성공한 민영기업가들 사례에서 각자의 성장 배경과 경험을 잘 살리는 것이 유용하다는 것을 알 수 있었다. 마지막으로 토지 이용권의 사유화는 농업 생산력 증대, 재원 조달 효과를 가져왔다.

---

[33] 림금숙, 『중국의 민영경제 발전 연구』, pp. 121~126.

북한의 경우, 김정은 집권 이후 시장화와 사유화는 아직 제도적 수준으로까지 이어지지 못했다. 특히 2017~2018년 이후 사경제활동 단속, 시장 압박, 계획경제 재가동, 주민 통제 및 감시 강화, 이념·문화 단속과 사회 기강 재확립에 힘을 기울이고 있다.[34] 그럼에도 불구하고 사경제활동 종사자가 국영경제활동 종사자 비율보다 점점 증가하고 있고, 자연스레 주 소득원에서 공식 소득보다 비공식 소득이 차지하는 비중도 높아지고 있다. 생활비 이외 사용이 가능한 가계 여유자금 보유자가 많아지고 있으며 돈을 빌린 경험도 다수다. 소규모 자산의 사유화 측면에서도 중앙·지방 공장뿐 아니라 상점, 식당, 편의업, 무역업을 개인적으로 운영하는 비중이 늘고 있으며, 소규모 토지와 주택 매매도 활성화되고 있다. 시장 단속 재강화 속에서도 이러한 변화들이 자발적으로 확대되어 발달하고 있다는 점에서 개인 자산의 축적·투자를 통해 보유 자산을 증식하는 행태가 오히려 보편화되고 있다고 볼 수 있다.

이러한 견지에서 북한이 경제 개혁·개방의 길에 본격적으로 진입할 경우, 북한의 민생경제는 긍정적인 변화로 발현할 가능성이 크다.[35] 예컨대 북한은 현재 소토지가 완전한 개인 소유는 아니지만

---

[34] 반동사상문화배격법(2020), 청년교양보장법(2021), 평양문화어보호법(2023) 등 사회 단속을 위한 법제 정비도 병행했다. 김진하, "자유민주적 통일을 위한 국제협력 방안," 「북한 대남전략과 전환 대응과 자유 기반 통일론 확산방안」, 통일연구원·세계지역학회 주최 공동 세미나 (2024년 6월 5일), p. 85.

[35] 북한 경제 변화의 수준에 대한 평가는 다소 엇갈리나 대체로 기존 연구에서도 김정은 집권 이후 시장화, 사유화가 이전에 비해 진전되어 경제 개혁·개방의 방향으로 향해 있다는 데 동의한다. 조동호, "김정은 시대 북한경제의 개혁·개방 평가," 『한국경제포럼』, 제13권 4호 (2021), pp. 29~32.

주민들이 이용권을 거래할 수 있고, 이러한 행위는 위법이지만 북한 당국은 묵인하고 있다. 다시 말해 소토지 개간을 엄격히 금지하지만, 거래를 관리하는 데 중점을 두고 있기 때문에 주민들은 더욱 소토지 소유를 희망한다. 심지어 주택 거래 시 집 텃밭 값은 별도로 계산하고 있으며 입지가 좋은 소토지를 확보하고자 노력하는 행태도 나타나고 있다.36) 중국의 경험에 비추어 볼 때 북한 주민의 관심도가 높은 소토지는 개혁·개방과 함께 부동산으로 재조명될 수 있다. 게다가 북한 당국 입장에서도 소토지 경작 및 거래 등을 통해 재정예산을 확보하고 경제발전의 동력으로 활용하는 것을 마다하기 어려울 것이다.

또한, 시장을 중심으로 주민, 관료, 돈주의 관계가 변화하고 있다. 2000년대에 나타나기 시작한 아파트 건설 붐은 국가권력, 민간자본, 시장, 도시 관료들의 협력관계를 형성했다.37) 북한 당국 주도의 사업 추진을 위한 재원(인적자원 포함) 부족으로 인해 기관 소속 관료들은 인허가 권한 등을 판매하고 돈주와 주민은 기관의 과제 달성을 돕는다.38) 당국 주도의 사업 이외 무역 거래, 상업, 기업 운영 등을 통해 발생한 이윤 또한 주민, 관료, 돈주가 공유하게 됨으로써 이들의 파트너십은 긴밀해져 왔다. 물론 이들의 관계도 그룹 내 분화, 계층화가 발생하면서 균열이 발생하기도 한다.39) 그러나 기득권

---

36) 김병욱, "북한토지법제 동향과 변화전망," p. 89.
37) 홍민, "북한의 아파트 건설시장과 도시정치," pp. 43~44.
38) 김윤희, "북한 사금융의 흐름과 구조 동학에 대한 탐색,"『세계지역연구논총』, 제33집 3호 (2015), pp. 92~93.
39) 이지선, "김정은 시대 북한의 사금융 동학과 변화 가능성," pp. 45~46.

층과 주변인으로 나누어지더라도 이들이 경제 자본을 중심으로 역할 해보는 것 자체가 의미가 있다. 중국 민영기업가들은 출신 배경과 경험이 달랐지만 민영화 물결을 타고 적응을 넘어 성공을 이루었으며, 중국에 견주면 이들이 가까운 미래 북한의 민영기업가로 변모할 잠재력은 짐작하기 어려울 정도로 크다.[40]

물론, 이러한 변화의 가능성을 현실화하는 데에는 김정은의 의지, 정책 변화, 민영화 및 경제활동 자유 보장 등을 기조로 한 경제 및 산업체계에 대한 구조 조정, 대외 개방 및 국제사회와의 관계 개선을 위한 노력 등 여러 가지 요건이 뒷받침 되어야 한다. 그러나 현재 북한은 변화 가능성을 현실화하기 위한 의지가 그리 높아 보이지 않는다. 먼저 대외적으로 북한은 러시아에 전쟁물자 지원, 병력 파병으로 외화 획득 기회를 만들었다. 북한이 러·우전쟁을 계기로 병력 파병, 탄약 공급, 기술지원 등을 통해 획득한 경제효과는 약 28조 7천억 원 규모로 추정된다.[41] 이는 장기화된 대북제재로 인해 악화된 경제상황을 어느 정도 버틸 수 있는 재원으로 판단된다. 또한 북한 내부에 부족한 물자를 러시아를 통해 조달할 수 있으며, 이는 만성적인 공급 문제를 일시적으로 해소할 수 있게 되었다. 외화 확보를 위한 북한 당국의 노력은 관광 분야에서도 나타난다. 2024년부

---

[40] 앞서 소개한 중국의 민영경제 발전 사례는 연변대학교가 중국어로 집필한 교재를 김일성종합대학과 학술교류를 위해 한국어로 번역한 책자에 수록된 사례다. 해당 책자를 김일성종합대학에서 교재로 사용했다는 점에서, 소개된 사례에 대한 긍정적 효과를 기대할 수 있다.

[41] 박용한, "러·북 군사협력의 경제적 파급효과와 대응 방향," 『안보전략 FOCUS』, 제21호, 한국국방연구원 (2025), pp. 1~6.

터 러시아를 대상으로 일부 시범관광을 허용했고, 해당 년도 러시아 관광객은 약 880명으로 집계되었다. 또한 북한은 두만강역과 러시아 하산역을 연결하는 여객 열차를 개통함으로써 대외관광 확대를 통한 외화 수입 확보에 적극적인 모습을 보이고 있다.[42]

한편, 북한 당국은 내부적으로 김정은 집권 초기에만 해도 사경제를 활성화할 수 있는 다양한 정책 요소들을 도입했다. 예컨대 사회주의기업책임관리제는 국영상점에 수입 제품 판매 및 가격 책정 권한을 부여하거나 국영 상거래망 및 서비스업에 대한 개인 투자를 암묵적으로 허용하는 방식 등을 통해 기업 자율성을 확대함으로써 상업 거래를 비교적 활성화했다. 그럼에도 불구하고 대북제재 장기화와 코로나19 위기의 가중은 북한 당국이 기대한 만큼의 예산 수입을 가져다 주지 못했다. 그 결과 북한 당국은 다시 상품 판매, 유통 전반에 걸쳐 세수를 확보하기 위한 촘촘한 수단으로 상업 관련 법제를 정비함으로써 유통망 장악을 통한 자금 흐름을 통제하기 시작했다. 이는 시장을 중심으로 수입을 확보하던 주민들의 불만을 고조시키고 무역거래 활성화를 저해하는 부작용을 가져왔다. 게다가 2024년에 야심차게 발표한 '지방발전 20×10 정책'은 주민들의 노력을 계속해서 요구하는 작업인데다 주민들이 확보할 수 있는 상품은 여전히 부족한 상황이 가중되었다.[43] 이 밖에도 북한 당국은 내

---

[42] 황주희·나용우, "북한 관광산업 활성화와 통제의 딜레마," 『KINU Online Series』, CO 25-10, 통일연구원 (2025), pp. 1~8.
[43] 김미연, "북한 상업 관련 법제 개정 배경 및 특징," 「북한법제 변화를 통해서 본 북한 사회의 변화」, 통일부·대한변호사협회 주최 공동학술세미나 (2024년 12월 10일).

부적으로도 시중에 유통, 거래되고 있는 화폐를 중앙으로 흡수하기 위한 정책들을 도입, 시행하고 있다. 「재정법」 개정을 통해 자체 수입을 생산에 활용할 수 있는 권한을 축소하고, 손해보험 판매나 상업은행 저금과 같은 강제저축 도입, 전화돈 사용 금지 등 다양한 형태의 민간 보유 자금 흡수 시도가 진행되고 있다.44) 이처럼 대내적으로도 민생경제 변화 가능성을 크게 제약하는 도전 과제가 남아 있다.

이 글은 북한의 민생경제 실태를 탈북민 설문 응답 자료를 통해 간접적으로 파악하고 대내외 환경 변화 시 민생경제 변화 가능성을 중국의 사례를 통해 예측해 보았다는 점에서 의미를 지닌다. 그러나 여전히 실증적 자료에 기반한 실태 평가, 그리고 변화 가능성에 대한 전망이 아니라는 점에서 부족함이 있다. 그럼에도 불구하고 이 글을 통해 전달하고 싶은 점은 지금처럼 대북제재가 장기화로 지속되는 상황에서는, 그리고 북한 스스로 변화하고자 하는 정책적 의지 없이는 북한이 지닌 변화와 성장의 잠재력이 지금보다 더 커지기 어렵다는 것이다. 먼 미래가 아닌 가까운 미래의 변화 가능성을 예측해 본 바로 지금, 북한이 핵문제 해결에 적극적으로 나서게 하기 위한 '묘수'가 그 어느 때보다 필요한 시점이다.

---

44) 최지영, "북한의 국가 유통 강화 정책과 시장지표의 변동," 『KINU Online Series』, CO 24-68, 통일연구원 (2024), pp. 6~7.

참고문헌

1. 국문 단행본 및 국문 논문

구기보. "중국과 베트남 경제개혁의 북한에 대한 적용방안 모색."『국제지역연구』. 제27권 2호. 2023.
김미연. "북한 상업 관련 법제 개정 배경 및 특징."「북한법제 변화를 통해서 본 북한사회의 변화」. 통일부·대한변호사협회 주최 공동학술세미나. 2024년 12월 10일.
김미연. "북한의 민생경제 현황화 비핵화 이후 변화 가능성."『KDI 북한경제리뷰』. 2024년 7월호. 한국개발연구원. 2024.
김병욱. "북한토지법제 동향과 변화전망."『통일법제 연구』. 18-19. 한국법제연구원. 2018.
김석진·홍제환. "국제 비교를 통해 본 북한의 생활수준."『KINU 정책연구시리즈』. 19-03. 통일연구원. 2019.
김윤희. "북한 사금융의 흐름과 구조 동학에 대한 탐색."『세계지역연구논총』. 제33집 3호. 2015.
김진하. "자유민주적 통일을 위한 국제협력 방안."「북한 대남전략과 전환 대응과 자유 기반 통일론 확산방안」. 통일연구원·세계지역학회 주최 공동세미나. 2024년 6월 5일.
김태경. "사회주의 전면발전론'과 김정은 정권 중장기 국가전략: 개혁개방기 중국 장기 발전전략의 비교적 시각."『한국정치연구』. 제32집 1호. 2023.
림금숙.『중국의 민영경제 발전 연구』. 연변대학출판사. 2018.
문흥안. "북한 살림집법 관련 법제를 통해 본 북한 부동산 시장의 변화."『북한법연구』. 제18호. 2018.

박용한. "러·북 군사협력의 경제적 파급효과와 대응 방향."『안보전략 FOCUS』. 제21호. 한국국방연구원. 2025.

박해식·이윤석. "북한의 경제개발을 위한 금융 활용방안."『KIF VIP 리포트』. 2018-04. 한국금융연구원. 2018.

백명숙. "역사적 제도주의 관점으로 본 북한 시장 발전의 경로분석에 관한 연구."『북한연구학회보』. 제26권 2호. 2022.

양문수·윤인주. "북한 기업의 사실상의 사유화: 수준과 추세에 관한 정량적 분석."『통일연구』. 제20권 2호. 2016.

이 석. "북한의 가구경제 실태 분석과 정책적 시사점."『정책연구시리즈』. 2015-11. 한국개발연구원. 2015.

이주영·문성민. "북한 비공식금융 실태조사 및 분석·평가."『BOK 경제연구』. 제2020-16호. 한국은행 경제연구원. 2020.

이지선. "김정은 시대 북한의 사금융 동학과 변화 가능성."『INSS 연구보고서』. 2022-19. 국가안보전략연구원. 2022.

임반석. "주요 MDB의 개도국 지원 사례로 본 북한 지원에 대한 시사점."『국제지역연구』. 제27권 3호. 2023.

전재성. "덩샤오핑과 김정은: 중국 개혁 개방 모델이 2014년 북한에 주는 함의."『스마트 Q&A 인터뷰』. 서울대학교 동아시아연구원. 2014.

조동호 외. "북한 사금융 실태와 북한 금융제도의 변화."『KIF Working Paper』. 2021-01. 한국금융연구원. 2022.

조동호. "김정은 시대 북한경제의 개혁·개방 평가."『한국경제포럼』. 제13권 4호. 2021.

조성은. "김정은 시대 북한 가계소득 변화와 함의."『보건복지포럼』. 한국보건사회연구원. 2022.

진윤호. "베트남 투입산출표를 이용한 국제금융기구 지원의 경제적 효과 분석과 북한에 대한 시사점."『비교경제연구』. 제30권 2호. 2023.

차성근. "북한 독재체제의 경제 개혁 개방 가능성에 대한 고찰: 중국과 베트남 개혁 개방사례와 비교."『전략연구』. 통권 제87호. 2022.

채수란. "북한이탈주민 면접조사를 통해 본 평양시민의 가처분소득과 소비행태: 종합시장 경제활동을 중심으로."『통일인문학』. 제77집. 2019.

최지영 외. "김정은 집권 이후 북한의 소비재 생산과 유통 실태."『KINU 연구총서』. 23-17. 통일연구원. 2023.

최지영. "북한의 국가 유통 강화 정책과 시장지표의 변동."『KINU Online Series』. CO 24-68. 통일연구원. 2024.

통일부 외.『북한 경제·사회 실태 인식보고서』. 서울: 통일부, 2024.

홍 민 외. "2022 북한 공식시장 현황."『KINU 연구총서』. 22-28. 통일연구원, 2022.

홍 민 외. "북한 전국 시장 정보: 공식시장 현황을 중심으로."『KINU 연구총서』. 16-24. 통일연구원. 2016.

홍 민 외. "평양의 도시정치와 공간구조."『KINU 연구총서』. 23-27. 통일연구원. 2023.

홍 민. "북한의 아파트 건설시장과 도시정치."『KDI 북한경제리뷰』. 2014년 8월호. 한국개발연구원. 2014.

황주희·나용우. "북한 관광산업 활성화와 통제의 딜레마."『KINU Online Series』. CO 25-10. 통일연구원. 2025.

2. 기타 자료

"덩샤오핑도 인정한 '해바라기씨 대왕' 녠광주."「뉴스퀘스트」(온라인). 2019년 11월 19일.

"한때 中 최고 부자 '유통왕'…감옥 갔다 왔더니 세상이 변했다."「조선비즈」(온라인). 2021년 4월 9일.

"라이터 왕 저우다후(周大虎)."「이투데이」(온라인). 2021년 3월 18일.

"글로벌 기업이 된 레노버의 인수합병 비결."「비즈니스포스트」. 2024년 11월 13일.

"북한의 경제활동별 국내총생산."「한국은행 경제통계시스템」. 2025년 4월 28일.

제3장

북한 체제에서 사회안전성의 역할과
반사·비사 투쟁법 제정이 주는 의미

김 엘 렌

1. 북한의 일상인 '통제'에는 어떤 의미가 있을까?

미국이 주도해 온 세계질서는 현재 전쟁으로 표출된 국제 정치적 갈등과 트럼프 2기 출범으로 불거진 경제적 이슈 등과 같은 무질서에 자리를 내주고 있다. 2025년 6월 3일 선거를 통해 새로운 지도자가 정해졌다. 현재 공식적, 비공식적 대북 라인이 다 끊겨버린 상황과 김정은이 전과 달리 남한과의 적대 관계에 있음을 명확히 선을 그은 상황에서 한미 관계뿐만 아니라 남북 관계에 훈풍을 기대한다는 것은 당장은 요원한 일로 보이는 것도 사실이다. 그러나 미래의 어느 날 한반도에 올 기회와 변화를 안정적으로 맞이하고 정착시키는 위해서는 우리는 준비가 반드시 필요하다. 통일 혹은 통합이라는 것은 단계적으로 올 수도, 갑자기 이루어질 수도 있기 때문이다.

한 가지 분명한 것은 통일 혹은 통합이라는 것은 남북한 모두에게 '큰 변화'라는 것이고, 두 나라 모두에게 급격한 변화인 동시에 불안정한 환경이 조성될 수밖에 없다는 점이다. 분단 이후 두 나라는 정치적, 경제적인 부분뿐만 아니라 사회, 문화, 군사적 부분까지 다양한 층위의 변화를 겪었고 이러한 정신적인 변화 못지않게 신체적인 변화의 간극도 커져 있는 상태이다.

2024년 12.3 계엄 사태로 촉발된 정치적 혼란 사태는 국군통수권자인 대통령의 공백 사태를 불러오면서 급격한 정치적 발전 속에 숨어 있던 정치적 모럴 헤저드의 부끄러운 민낯을 보여 주었다. 2025년 대한민국에서 국민의 권리를 침해하는 12.3 사태로 국민들은 큰 충격을 받은 바 있다. 반면 북한 주민들은 인권이 침해되는 환경 속에서 이러한 삶을 일상적으로 살고 있다. 규율 권력[1]이라는 말처럼 체제에 순응해야 살아갈 수 있는 체제에서 살고 있는 그들과 자신의 의견을 솔직하게 이야기하는 대한민국은 파레시아(Parrhesia)[2] 시대에서 살고 있다고 할 수 있다. 남북 모두 미래에 준비되지 않은 상태에서 북한의 급변 사태로 인해 남북한 통일 혹은 통합이 이루어질 상황이 도래하면 가장 큰 문제 중 하나로 떠오르는 이슈는 무엇일까?

본 연구는 2019년 하노이 회담 결렬 이후 김정은이 반사, 비사로

---

[1] 20세기 프랑스의 철학자, 사회학자, 역사학자인 미셸 푸코(Michel Foucault)는 규율 권력이라는 개념을 사용하여 현대 사회에서 권력이 어떠한 방식으로 작용하는지를 설명함. 그는 현대 사회에서는 물리적 폭력을 사용하기보다는 규칙적, 규율적, 감시, 조절을 통해 작용한다고 봄. 미셸 푸코, 『감시와 처벌』(파주: 나남, 1975)
[2] 푸코가 규율 권력 담론에서 벗어날 수 있는 방법으로 파레시아를 강조하였는데 저자는 북한의 규율 권력에 익숙한 채 살고 있는 현실과 그 현실 담론 속에서 벗어난 남한의 현실을 빗대어 표현하려고 차용을 함.

불리는 행위들을 처벌하는 법 제정의 의미와 이와 관련한 통제기능을 살펴보고자 한다. 반사, 비사에 관한 처벌은 과거 김일성, 김정일 시대에도 존재했던 개념이다. 김정은 시대에 들어와 반사, 비사와 관련하여 크게 2가지 시기로 나눌 수 있다. 첫 번째 시기는 김정은 집권 후 2018년까지, 두 번째 시기는 하노이 회담 결렬 이후인 2019년~현재로 나눌 수 있다. 하노이 회담 결렬 이후 장고에 들어갔다 8차 당대회를 치른 김정은은 '인민'을 키워드로 하는 전략을 중점적으로 펼쳐나가기 시작하였다. 집권 초기부터 강조해 왔던 인민대중제일주의를 앞세우면서 김정은은 반사, 비사를 중심으로 광범위한 영역에서의 법 제정과 정비를 대대적으로 시작하였다. 인민들 앞에서는 사회주의를 지켜나가기 위한 것인 동시에 인민들을 위한 법 제정이라고 주장을 하였다. 이러한 전략은 정치적으로는 중간관리 이상 간부들을 공식적 감시 대상으로 삼으며 인민들을 통해 체제에 대한 불신감 등을 나름 해소시켜주는 동시에 김정은 자신에게 오는 불평, 불만의 리스크를 희석시킨다는 점에서 유의미하게 봐야 할 것이다. 8차 당대회의 핵심 키워드는 '인민'이다. 김정은은 북한 체제의 전반적인 전략 목표가 크게 미달인 사실에 대하여 공식적으로 인정하면서 이 원인 중 하나로 관료들의 주관주의, 세도, 부정부패를 주된 원인으로 지적하였다. 북한에는 대표적인 치안 담당 기구이자 한국의 '경찰'의 기능을 하는 '사회안전성'이 있다. 그러나, 북한의 사회안전성에는 치안 질서 유지 외에도 최우선 임무가 있다. 그것은 북한의 핵심적인 이론 중 하나인 혁명적 수령관에 기초한 '수령결사옹위'이다. 이를 위해 보안원들은 수령을 결사적으로 보위하는 최선의 과제를 갖고 있으며, 수령을 지키기 위해서는 체제 유지가 지속되어야 하므로 정권의 지시에 따라 '주민감시 및 통제' 역할과 함께 '치안 질서 유지' 등 임무를 수행한다. 그러나 치안 질서는 우리의 그것과 의미가 다르다. 북한에서 치안 질서란 사회통제를 위해 반사회주의적 행위를 하는 주민들을 규제하고 감시하는 것이 가장 중요한 직무 중에 하나이기 때문이다. 따라서 북한 주민의 일상 속 통제의 중심에 있는 사회안전성의 역할과 반사·비사 투쟁법 제정이 주는 의미에 대하여 살펴볼 것이다.

2. 북한 인권 침해의 기능적 역할

국제환경의 급격한 변화와 대내외적 위기에도 불구하고 김정은이 체제를 유지할 수 있었던 원동력은 무엇인가? 여러 가지 요인이 있지만 그중에서 사회 통제시스템을 빼놓을 수 없다. 사회는 인민들로 이루어져 있고 이 인민들을 가장 가까이서 통제하는 경찰인 사회안전성을 주목할 수 있다. 사회 통제기구 중 하나인 사회안전성은 인민들의 자유권과 사회권을 침해하면서 사회를 통제하는 직접적인 기구이기 때문이다.[3] 김정은 체제는 인민대중제일주의 정치를 통해

---

[3] 2014년 2월 COI 보고서에서 조직적이고 광범위하며 중대한 인권침해가 북한, 북한의 기관 및 관리들에 의해 자행되어 왔으며 현재도 자행되고 있다고 결론을 내리면서 구체적으로 사회안전성과 국가보위성, 검찰 및 재판소, 국방성, 조선로동당, 조선인민군 등 기관에 책임을 물었다. 통일부, 『북한인권백서 2022』 (서울: 통일연구원, 2022), pp. 39~40.

인민들이 체감하는 물질문화 생활 향상을 실현하고자 하며 이를 위해서는 인민들의 계속적인 지지와 자발적인 참여가 필요하다. 따라서 북한 체제를 유지하는 데 있어서 내부 자원 동원에 있어 장애가 되는 요소를 제거하거나 혹은 예방을 해야하고 이를 위해 북한 사회의 내부에 균열을 일으키는 반사회적, 비사회적 행태(이하 반사, 비사 행태)에 대하여 김정은은 기존보다 더욱 강력한 방식으로 이와 같은 행태에 법적 근거를 만들며 공식화하게 된다.

> "사람들의 정신을 침식하고 사회를 변질타락시키는 온갖 불건전하고 이색적인 현상"과 투쟁 강화 연설
> ('19년 4월 최고인민회의 제14기 제1차 회의 시정연설)
>
> "반사회주의, 비사회주의와의 투쟁을 강화하고 도덕기강을세우며 근로단체조직들에서 사상교양사업을 짜고 들것"
> ('19년 12월 당 중앙위원회 제7기 제5차 전원회의 노선 결정서)

1) 인권의 이해

현제 북한이 가입한 인권조약은 ①자유권규약, ②사회권규약, ③아동권리협약, ④여성차별철폐협약, ⑤장애인권리협약이다. 그동안 북한은 국제사회가 제기하는 인권 문제에 대해 침묵으로 일관하거나, 소극적인 대응을 해 왔다. 그러나 2014년 이후 전략적 측면에서 적극적으로 대응하려는 양상으로 변화 조짐 보이고 있다.

〈표 1〉 북한의 국제인권조약 가입/비준 현황

조약명	상태	가입/비준일 (통보/기탁일 기준)	발효일
자유권규약	가입	1981.09.14.	1981.12.14.
사회권규약	가입	1981.09.14.	1981.12.14.
아동권리협약	비준	1990.09.21	1990.12.21.
여성차별철폐협약	가입	2001.02.27.	2001.03.29.
장애인권리협약	비준	2016.12.06.	2017.01.05.

2014년에 북한인권조사위원회(COI)는 북한 인권침해 상황에 대해 보고서를 낸 바 있으며 당시 북한은 조선인권연구협회 보고서를 발표하면서 적극적으로 대응하였다. 또한 북한은 경제발전을 토대로 한 인민생활 향상에 관하여 지속적으로 주장하고 있다. 실제로 김정은 시기에 들어서 인민, 경제, 보건, 과학이라는 단어는 담화에서 빠지지 않고 등장하고 있다. 이유는 북한 당국은 여성, 아동, 장애인 등과 같은 취약계층의 인권 증진에 보다 적극적인 모습을 보이고 있는데 체제 유지와 관련하여 큰 영향을 미치지 않는 분야이기 때문이다. 이에 따라 국제적인 협조를 구하는 동시에 비난을 면하기 위한 논리로 활용하는 것으로 판단된다.[4] 통일부에서는 매년 북한인권백서를 수정·보완하며 출간하고 있다. 다음은 2025년 북한인권백서의 목차에 해당하는 내용이다.

---

[4] 김엘렌, "북한 인권담론에 관한 이해와 우리의 현실적인 제반과제," 『아시아연구』, 제24권 제1호(2021), pp. 193~210.

〈표 2〉 2025년 북한인권백서 목차

시민적, 정치적 권리 실태 (이른바 자유권-1세대 인권)	생명권
	고문 및 비인도적 처우를 받지 않을 권리
	신체의 자유와 안전에 대한 권리
	이동 및 거주의 자유에 대한 권리
	공정한 재판을 받을 권리
	사생활을 보호받을 권리
	사상, 양심 및 종교의 자유에 대한 권리
	표현의 자유에 대한 권리 및 정보접근권
	집회 및 결사의 자유에 대한 권리
	참정권
경제적 사회적 문화적 권리 실태 (이른바 사회권-2세대 인권)	식량권
	건강권
	노동권
	교육권
	사회보장권
취약계층 (이른바 3세대 인권 해당)	여성
	아동
	장애인
주요사안	정치범 수용소,
	해외탈북자
	해외노동자
	이산가족, 납북자, 억류자, 국군포로
	재해재난
	차별 및 불평등

출처: 통일부, 북한인권백서, 2025

프랑스의 법학자인 카렐 바사크는 1977년 세계인권선언 30주년 기념 연설에서 역사를 3세대로 구분하였다. 세계인권선언(Universal Declaration of Human Rights, UDHR)은 1948년 12월10일 파리에서 열린 제3회 유엔총회에서 채택된 인권선언의 세계선언문이다. 2차 세계대전 전후로 전 세계에 만연하였던 인권 침해 사태에 대한 반성과 더불어 모든 인간의 기본적 권리를 존중해야 한다는 유엔헌장의 취지를 구체화한 내용이다. 1세대 인권은 자유권으로 명명되며 시민적, 정치적 권리이다. 2세대 인권은 사회권으로 명명되며 경제적, 사회적, 문화적 권리이다. 평등을 강조하며 국가의 적극적 개입을 요하기 때문에 사회권으로 불린다. 3세대 인권은 연대와 단결의 권리이다. 차별에 취약한 계층으로 분류되는 여성, 장애인, 아동, 난민 등에 대하여 인권 보호에 주목하면서 이를 위한 연대와 단결을 강조하는 집단의 권리도 포함하고 있다. 평화에 관한 권리, 인도주의적 재난 구제를 받을 권리, 지속 가능한 환경에 관한 권리 등도 이에 포함되며 특히 한나라에서 스스로 해결하기 어려운 문제들을 담고 있기 때문에 국경을 초월하여 전 지구적인 담론으로 인권을 개념화한다. 따라서 국제적 협력이 전제되어야 하는 인권이라고 할 수 있다. 북한의 인권 침해는 전방위적으로 이루어지고 있다. 사회통제는 대부분 자유권을 침해하는 행위들을 대거 포함하고 있다. 사회안전성의 통제 유형은 크게 3가지로 생활 통제, 행위 통제, 수단 통제로 분류할 수 있다. 생활 통제는 사회적 성분을 바탕으로 하는 통제와 이동과 거주의 통제가 있다. 2014년에 북한인권조사위원회(COI)는 북한 인권 침해 상황에 대해 보고서를 낸 바 있으며 당시 북한은 조선인권연구협회 보고서를 발표하면서 적극적으로 대응한 바 있다. 북한은 경제발전을 토대로 한 인민생활 향상에 관하여 지속적으로 주장하고 있는데 실제 김정은 시기에 들어서 인민, 경제, 보건, 과학이라는 단어는 담화에서 빠지지 않고 등장하고 있다. 이는 인민대중제일주의라는 김정은의 통치 전략에 부합하고자 하는 전술인 동시에 실제적인 생존의 메시지이기도 하다. 국제사회에서 북한 당국은 여성, 아동, 장애인 등과 같은 취약계층의 인권 증진에 보다 적극적인 모습을 보이고 있다. 주지하다시피 대북 제재의 비난을 면피하면서 국제적 사안에 부합하려는 전술인 동시에 북한 체제 유지와 관련하여 큰 영향을 미치지 않는 분야이기 때문이다.

2) 사회통제의 대표기구 사회안전성

전체주의 특징 중 하나가 사회 통제기구를 통하여 주민을 통제하는 것이다. 북한의 경우는 남한의 경찰에 해당하는 사회안전성을 통해 직접적인 인권침해를 하면서 북한 주민을 통제하고 있다. 남한의 경찰에 해당하는 사회안전성은 대표적인 치안 담당 기구라는 점에서 두 기관은 유사하다. 그러나 북한의 사회안전성에는 치안 질서 유지 외에도 중요한 업무가 있다. 사회안전성의 안전원들은 수령을 결사적으로 보위하는 최선의 과제를 갖고 있다는 것이다. 다시 말해 수령을 지키기 위해서는 체제 유지가 우선적으로 되어야 하고 이를 위해 주민감시와 통제뿐만 아니라 치안 질서 유지 업무를 수행하는 것이다.[5]

사회안전성은 크게 중앙인민보안지도기관인 중앙조직과 지방인민보안기관 지방조직으로 나눌 수 있다. 평양에 위치한 사회안전성

---

[5] 남성욱 외, 『통일미래학 개론』(서울: 박영사, 2024), p. 309.

은 독립적인 기관으로 노동당 조직인 정치국과 국가보위성 파견조직인 보위부로 조직 체계로 되어 있어 상호 감시, 견제 기능을 하고 있다. 13개 지점에 위치한 지방인민보안기관 '지방조직'은 북한 행정구역으로 나누어 관리가 되고 있다. 평안남·북도, 황해남·북도, 함경남·북도, 강원도, 자강도, 양강도 9개와 개선직할시, 라선직할시, 남포직할시 3개의 직할시와 평양특별시 1개를 포함한다. 시, 군, 구역에 200개에서 300개에 달하는 안전소가 있다. 안전소(분주소)는 사회안전성의 최하위 기관으로 북한 전역에 약 4,000개가 넘게 안전소가 설치되어 있다. 사회안전성의 주민 통제 유형은 크게 3가지로 나눌 수 있다. 기본 생활 통제, 비사회주의 행위 통제, 공포적 수단 통제가 그것이다. 기본 생활 통제는 사회적 성분을 기본으로 하는 통제와 이동과 거주 통제가 있다. 북한 당국은 주민들의 외부 정보 접촉과 유포를 체제 유지에 위협이 되는 것으로 보고 있기 때문에 물리적 통제와 더불어 전담 조직을 구성하여 통제를 강화하고 있다. 이동통신 발달로 주민들이 손쉽게 정보를 공유하고 접할 수 있는 환경이 되자 이를 통제하기 위한 검열을 강화하고 있다. 연합지휘부[6] 등을 통하여 정보 통제 수단을 지속적으로 개발하고 법과 제도를 정비하며 단속과 처벌을 강화하는데 군, 경찰 인력을 동원하고 있다. 비사회주의 행위 통제는 불법 영상물 등 시청에 관한 통제와 비사회주의적 옷차림 통제 그리고 미신 행위 통제가 있다. 이는

---

[6] 조선노동당, 검찰소, 국가안전보위성, 사회안전성, 사회주의애국청년동맹 등에서 인원을 파견하여 구성된 특별 전담조직으로 주요 임무는 주민 생활에 대한 단속과 검열임.

표현의 자유, 정보 접근법, 사생활을 보호받을 권리, 사상, 양심, 종교에 대한 자유를 제한하는 것은 자유권을 침해하는 행위이며 공포적 수단 등 통제도 신체의 자유, 생명권, 죄형법정주의를 제한하는 등과 같은 자유권을 침해하는 행위라고 할 수 있다. 반사, 비사 투쟁법이 공식적으로 법으로 제정된 후 남한의 경찰 역할을 하는 사회안전성을 중심으로 인권 침해가 이루어지고 있다.

예 1) 기본생활통제

- 주민들은 자신의 문서가 대장으로 만들어져 있다는 사실을 알고 있지만 열람하는 것은 가능하지 않음. 대부분 주민들은 주민대장에 어떤 내용이 기재되어 있는지 모르지만 토대에 의해 자신이 불이익을 당했다고 생각하면서 궁금해할 뿐 볼 수는 없음. 토대에 의해 차별을 받는 사람들이 간혹 자신의 대장을 수정하기 위해 보안원에게 뇌물을 주는 경우도 있음. (북한인권보고서(2023), pp. 222~224)

- 가족이 한국에 간 것이 확인되면 가장 낮은 성분으로 떨어짐. 가족의 한국행 기도로 관리소나 교화소에 가게 되면 성분에 많은 영향을 받음. 탈북자의 가족들은 낮아진 성분에 따라 당간부 등용, 입당 등 모든 분야에서 제약을 받고 감시를 받게 됨. (『북한인권백서 2024』, pp. 244~245)

예 2) 비사회주의 행위

- 2017년 한국영화를 보면 같이 본 친구들을 모두 말해야 하나 나 혼자 가겠다고 약 한 병 마시고 죽은 애가 있음. 교도소에 가는 게 끝이 아니라 가족 모두 추방당함. 지금은 한국영화를

보면 교도소를 보내기 때문에 간혹 자살하는 애들도 있음. (2022, 북한인권백서, p. 201)

- 2016년 길에서 통화 중에 보안원에게 메시지를 주고 받은 유머가 불순하고 부르주아 사상이라는 이유로 단속당한 적 있음. 이후 문자 메시지를 받으면 바로바로 삭제함. (『북한인권백서 2020』, p. 182)

예 3) 공포적 수단통제

- 2013년 9월에 양강도 삼지연군에는 한국영화 시청과 음악 청취 시 발각되면 사형에 처한다는 포고문이 내려옴. 시범 케이스로 총살이 이루어짐. (『북한인권백서 2015』, p. 218)

〈표 3〉 코로나 시기 사회안전성의 포고문

포고
북부국경봉쇄작전에 저해를 주는 행위를 하지 말데 대하여
세계적인 보건위기상황이 급격히 악화되고 대류행성전염병이 공기와 물건을 통하여서도 전파되고있는 오늘의 현실은 북부 국경연선에서 국가비상방역체계를 더욱 엄격히 유지강화할것을 절실히 요구하고있다. 　그러나 일부 공민들은 국가의 안전과 인민의 안녕을 지키기 위한 비상방역규률과 질서를 심히 어기고 제 마음대로 북부국경연선에 드나들거나 지어 린접국에까지 비법월경하면서 악성비루스전염병을 류입시킬수 있는 공간을 조성하고있다. 　조선민주주의인민공화국 사회안전성은 공화국정부의 위임에 따라 북부국경일대의 지역적 특성에 맞게 완충지대를 정하고 이 지대에서 비상방역규률과 질서를 더욱 엄격히 세워 재앙을 몰아올수 있는 대류행전염병을 결정적으로 막기 위하여 다음과 같이 포고한다. 1. 국경봉쇄선으로부터 1~2km 계선에 완충지대를 설정할것이다. 　- 모든 공민들은 설정된 완충지대에서 비법출입하는 행위를 절대로 하지 말것이다. 　- 기관, 기업소, 단체와 공민들은 완충지대안으로 조직적인 승인없이 인원 출입과 물자들을 수송하는 행위를 하지 말 것이다.

> 2. 국경차단물에 련한 도로, 철길들에서는 야간에 인권과 륜전기재들의 통행을 금지할것이다. 야간통행금지시간은 4월부터 9월까지 20시부터 다음날 5시까지, 10월부터 3월까지는 18시부터 다음날 7시까지 할것이다.
> 3. 북부국경일대에서 설정된 규률과 질서를 어기고 완충지대에 비조직적으로 들어갔거나 도로, 철길에 련한 국경차단물에 접근한 인원과 짐승에 대하여서는 무조건 사격한다.
> 이외에 압록강, 두만강의 우리측 강안에 침입한 대상과 짐승은 예고없이 사격한다.
> 4. 모든 기관, 기업소, 단체와 공민들은 대류행성전염병의 류입을 막기 위하여 북부국경일대에 설정한 행동질서를 엄격히 지켜 조국의 안전과 인민의 안녕을 사수하도록 할것이다.
>   - 모든 기관, 기업소, 단체들은 주민, 종업원들속에서 국경봉쇄사업과 비상방역사업에 저해를 주는 행위가 나타나지 않도록 교양과 통제를 더욱 강화할것이다.
>   - 모든 공민들은 완충지대에 비법출입하는것을 비롯하여 인민군대가 수행하는 북부국경 봉쇄작전에 저해를 주는 행위들을 예리하게 살피고 제때에 신고할것이다.
> 5. 이 포고는 공화국령역안의 모든 기관, 기업소, 단체(무력, 군수, 특수단위 포함)와 공민에게 적용된다.
>
> 조선민주주의인민공화국 사회안전성
> 주체 109(2020)년 8월 25일

3. 반사회주의, 비사회주의에 대한 내용과 법적 제도화의 의미

1) 반사·비사회주의 법률의 제정

2014년 COI가 유엔 인권이사회에 제출한 보고서에는 '북한 주민들이 독립적으로 제공되는 정보에 대한 접근권을 보장받지 못하고 있다'고 지적한 바 있다. 북한에서 유일한 정보제공자는 '당국의 통제를 받고 있는 국영 매체'뿐이며, 북한 주민들이 허가를 받지 않은 외국 영화나 드라마를 비롯한 외국 방송을 시청하거나 청취하면 처벌을 받기 때문이라고 하였다. COI 보고서는 한국과 중국으로부터 외부정보 유입이 증가하자, 북한 당국이 정기적인 단속과 처벌 강화를 통해 정보 독점을 유지한다고 비판하였다.

2023년 12월 19일, 19년 연속으로 유엔 총회에서 채택된 '북한인권결의'에는 북한 당국의 정보 통제와 검열을 '절대적 독점(absolute monopoly)'이라고 규정하는 내용과 함께, 「반동사상문화배격법」 등의 시행을 재고할 것을 촉구하였으며 2024년 4월 4일 제55차 유엔 인권이사회에서도 북한의 조직적 인권 침해를 규탄하고 개선을 촉구하는 북한인권결의가 채택된 바 있다. 이 결의안에는 강제송환 금지 원칙 존중을 촉구하는 내용과 사상·종교·표현의 자유를 제한하는 북한 법령을 폐지하고 개정할 것을 촉구하는 내용이 포함되어 있다.

'2019년~2023년' 제정한 반사·비사회주의에 관련한 법률들은 일군과 공민들의 비사·반사적인 행태와 시장을 통한 남한 등 자본주의 사상 문화 침습에 대해 전면적인 투쟁·통제를 실시하여 사회주의제도를 수호하겠다는 의지를 강력하게 보여주고 있다. 인민들뿐만 아니라 중간 간부 이상 특수계층까지 감시망을 넓히고 체제의 불만을 간부급 이상에게 원인을 돌리며 인민들의 소요를 억제하는 기제로 활용하고자 하는 김정은의 전략이 내포되어 있다. 특히, 반사·비사 법률들은 일군과 공민들의 반사·비사 행태와 시장을 통한 남한 등 자본주의 사상 문화 침습에 대하여 전면적인 투쟁과 통제를 실시하여 사회주의 제도를 수호하겠다는 의지를 담고 있는 것이다. 2019년부터 2023년까지 제정된 반사·비사와 관련된 법률 11개가 담고 있는 내용과 의미를 살펴보고자 한다.

〈표 4〉 '2019~2023'년 제정한 비사·반사적에 관한 법[7]

제정년도	법률명
2019년	「군중신고법」
2020년	「세외부담방지법」, 「이동통신법」, 「반동사상문화배격법」
2021년	「마약범죄방지법」, 「단위특수화, 본위주의반대법」, 「청년교양보장법」, 「구타행위방지법」
2022년	「허풍방지법」
2023년	「평양문화어보호법」, 「국가비밀보호법」

2) 법률의 종류와 내용

(1) 「군중신고법」

2019년 제정된 「군중신고법」의 기본 원칙은 반사회주의적 현상과 투쟁을 전인민적으로 벌려 나가기 위해 전인민적 군중 신고체계를 정립하여 온갖 범죄와 위법행위를 방지하는 것이다. 반사·비사적 행위에 대한 신고 의무는 기관, 기업소, 단체, 공민 등 모두에게 적용되어 사회안전·검찰·보위기관에 신고할 법적 의무를 부과하고 있다. 군중 신고법 신고 대상에 범죄 및 위법행위로 반사회주의, 비사회주의적 행위가 거의 다 포괄되어 있고 행정적 또는 형사적 책임을 지는 신고 의무제를 도입함으로 기관·기업소·단체뿐만 아니라 인민들 간에도 신고하는 성격을 강화하였다. 특히, 군중 신고법이 나오기 전까지는 반사·비사 투쟁 관련 특별법이 없었으며[8] 이는 북한 사회

---

[7] 선병주, 『김정은 시대 법제 연구: 인민대중제일주의와 관련성을 중심으로』 (서울: 선인, 2024). 북한법 전문가가 박사논문을 기반으로 보완해 출간된 시기별 법제도 분류를 참고하여 작성했음을 밝혀둔다.
[8] 선병주, 『김정은 시대 법제 연구: 인민대중제일주의와 관련성을 중심으로』 (서울: 선인, 2024). p. 99.

전반의 반사·비사적 행태가 간헐적인 단속만으로 통제하는데 한계에 부딪힌 것으로 해석가능하다. 따라서 이러한 특별법을 제정하여 강제적 시스템 구축을 통해 극복하고자 하는 환경에 놓인 것으로 볼 수 있을 것이다.

(2) 「세외부담방지법」

2020년 제정된 「세외부담방지법」은 사회적 과제수행, 지원사업 등의 명목으로 인민들에게 돈과 물자를 강요, 징수하는 세외부담행위를 '반인민적, 반사회주의적 행위'로 규정하고 있다. 세외부담행위에 대한 처벌 대상은 세외부담행위를 조직하고 감행한 자, 묵인하고 조장한 자, 세외부담행위와의 법적투쟁을 하지 않은 자까지 포함한다. 주요 대상은 기관, 기업소, 단체의 간부라고 볼 수 있으며 법은 김정은 정권이 줄기차게 강조하는 세도·관료주의·부정부패에 대한 척결, 투쟁법에 해당된다. 「세외부담방지법」을 만들어야 할 만큼 현재 북한사회 전반에는 권력을 이용한 비법적 행위가 만연한 사실과 이로 인한 인민의 불편과 불만이 폭증해 있음을 반증하는 것이라 볼 수 있다. 따라서 김정은이 북한 체제에 가지고 있는 인민들의 불평과 불만을 관리할 필요성이 증대했다고 판단한 것으로 보인다.

(3) 「이동통신법」

2020년에 제정된 「이동통신법」은 이동통신 시설의 건설과 관리

운영, 이동통신봉사와 이용에 관한 비사·반사 투쟁법에 해당한다. 비밀 누설과 불순 목적 사용을 금지하고, 승인받은 이동통신만 사용하게 함으로써 비사·반사적 법제의 성격을 가지고 있다. 기관, 기업소, 단체, 공민뿐만 아니라 북한에서 이동통신을 이용하려는 외국인과 해외동포까지 적용 대상으로 삼고 있다. 이동통신과 관련한 시설 설치, 관리운영, 이용 등 전반적인 부문을 규제하고 있음으로써 포괄적인 규제법에 해당한다고 볼 수 있다.

(4) 「반동사상문화배격법」

공식적인 법 제정 전부터 국제사회에서 가장 비난을 많이 받은 내용으로 일평생 당국으로부터 철저한 사상 통제를 받는 북한 주민들은 체제 보위에 어긋나는 사상을 가질 수 없고, 이를 언어적·비언어적으로 표현할 수도 없다는 것을 법률로 제도화를 거쳐 공식화하였다. 「반동사상문화배격법」 제3조에도 '반동사상문화를 배격하는 것은 사회주의 사상을 고수하고 사회주의 제도를 굳건히 수호하기 위한 것'이라고 명시되어 있다. 2023년 12월 19일, 19년 연속으로 유엔 총회에서 채택된 '북한인권결의'에는 북한 당국의 정보 통제와 검열을 '절대적 독점(absolute monopoly)'이라고 규정하는 내용과 함께, 「반동사상문화배격법」 등의 시행을 재고할 것을 촉구한 바 있으며 20224년 4월 4일 제55차 유엔 인권이사회에서도 북한의 조직적 인권 침해를 규탄하고 개선을 촉구하는 북한인권결의가 채택되었다. 결의안에는 강제송환 금지 원칙 존중을 촉구하는 내용과 사상·종교·표현의 자유를 제한하는 북한 법령을 폐지하고 개정할 것을 촉구하는 내용이 포함되어 있다.

(5) 「마약범죄방지법」

「마약범죄방지법」에 따르면 마약범죄가 인민들을 정신·육체적으로 타락시키고 국가사회제도의 정치적 안정을 파괴하는 엄중한 비사회주의적 범죄로 인식하고 있다. 따라서 마약범죄를 저지른 자에 대해서는 누구든, 이유 여하를 불문하고 엄중 정도에 따라 극형까지 받는 강력한 법적제재를 가하도록 규정하고 있다. 적용 대상은 북한 내에 있는 외국인까지 포함하며 북한 영역 밖에 있는 외국인이라도 북한으로 마약을 밀수하였거나 북한 공민에게 마약범죄를 저지르도록 방조하였을 때도 적용 대상이 된다. 마약범죄를 신고하지 않은 자에게도 형사책임을 묻는데, 이는 마약이 광범위하게 유통되는 현실에서 나온 특단의 조치임을 알 수 있다. 마약을 유통시켜 수익을 챙긴 세력들이 특권층과 연루되어 있다고 보고 상층부를 단속하는 법이라고 볼 수 있다.

(6) 「단위특수화, 본위주의반대법」

2021년 제정된 「단위특수화, 본위주의반대법」에서 다뤄지는 '단위특수화, 본위주의'는 자기 단체를 특권을 가진 단체로 인식하여 자기 단체의 이익만 챙기는 행위를 의미한다. 이 법에서 금하는 단위특수화, 본위주의 금지행위는 주로 기관, 기업소, 단체의 행위를 규제하는 것으로 기관, 기업소, 단체와 공민이 단위특수화, 본위주의 현상을 발견했을 때 사회안전기관을 비롯한 해당 감독통제기관에 신고해야 한다고 규정하고 있다. 전형적으로 중간 간부급 이상의 부정부패를 통제하고 처벌하겠다는 의지를 담은 법으로 북한의 내부 기강의 문제가 얼마나 심각한지 가늠할 수 있는 법제정이라고 할 수 있다.

(7) 「청년교양보장법」

북한 당국이 2021년 「청년교양보장법」을 제정하며 청년들의 사상을 실질적으로 통제하겠다는 의지를 보이고 있는 법이다. 실제로는 이 법을 제정하기 전부터 청년들의 외부 정보 접촉을 금지하고, 이를 위반할 경우 교양 성격의 처벌을 부과하는 방식으로 청년들에 대한 사상 통제 및 검열을 강화해 왔다. 청년들은 외부 정보를 흡수하는 속도가 빠르고 또래 집단에서 정보를 쉽게 교류하거나 공유할 수 있기 때문에 외부 정보가 청년들의 사상에 영향을 줄 수 있다는 점을 우려해서 제정한 법이라고 볼 수 있다.

(8) 「구타행위방지법」

구타 행위를 인민의 신체를 해치고 우리식 사회주의 기초인 일심단결을 파괴하는 엄중한 위법행위로 인식한다는 점에서 비사회주의 투쟁법에 해당한다. 근본적으로는 각급 기관, 기업소, 인민 모두가 구타행위방지 사업에 적극 동참할 것을 요구하고 있는 이 법은 북한 사회에서 구타행위가 만연하고 이것이 법적으로 문제되지 않는다는 사회의식이 일반화된 상황을 반증하는 사례라고 할 수 있다. 명시적으로 인민을 위한 법이지만 간부급 이상을 대상으로 하여 기강을 바로 잡겠다는 의지로도 해석된다.

(9) 「허풍방지법」

「허풍방지법」에 따르면 허풍은 "공명심과 리기심, 책임회피와 같은 낡은 사상에 물젖어 자기 부문, 자기 단위 실태를 허위로 보고하여 국가의 정책집행과 인민생활에 엄중한 해독적 후과를 끼치는 반국가적, 반인민적행위"로 정의하고 있다. 동법은 허풍을 방지하기 위해 '국가적 입장에서 정확히 보고하는 것'을 엄격히 준수하도록 규정하고 있다. 주로 경제계산, 농업생산, 사회 전반에서의 허풍 방지를 강조하고 있다. 「허풍방지법」은 주로 간부급 이상들의 허위 보고로 인해 북한 전반의 기강이 얼마나 흐트러져 있는지를 단적으로 보여지는 사례라고 할 수 있다.

(10) 「평양문화어보호법」

북한은 2023년 「평양문화어보호법」을 제정하여 주민들의 언어사용을 통제함으로써 주민 일상을 통제하고 있다. 북한 당국은 「평양문화어보호법」을 제정하기 전에도 주민들의 언어사용을 통제해 왔는데 2017년 휴대전화 검열 시 남한 말투, 기호 언어, '우리식' 말투 사용하지 않는 자가 검열 대상이었다는 증언이 수집된 바 있다.

(11) 「국가비밀보호법」

2023년 제정되었다고 발표된 「국가비밀보호법」은 『조선중앙통신』에 의하면 "비밀보호사업에서 질서를 세워 국가의 안전과 리익, 사회주의건설의 성과적 진전을 보장하는데 이바지하는 것을 사명"으로 하고 있어 반사·비사 투쟁법임을 알 수 있다.

3) 반사회주의, 비사회주의 법률 제정의 의미

북한 정권은 2019년 반사회주의, 비사회주의 관련 특별법인 「군중신고법」을 시작으로 2023년까지 지속적으로 법률이 제정하는 등 공식적 제도화에 공을 들였다. 이 시기 북한 헌법이 2번 개정되며 법 시스템이 재정비되는 전환점을 맞은 것으로 보인다. 2020년에는 김정은 시기 들어 가장 많은 14건의 법이 제정되는데 이 중 3건이 반사, 비사 투쟁법이다.[9] 이 중 가장 대표적인 반사·비사법인 「반동사상문화배격법」이 이 시기에 제정되었다. 다음 해인 2022년에는 반사·비사 관련 법으로 「허풍방지법」이 제정되었다. 2023년에는

---

[9] 선병주, 『김정은 시대 법제 연구: 인민대중제일주의와 관련성을 중심으로』 (서울: 선인, 2024). p. 227.

「평양문화어보호법」, 「국가비밀보호법」이 제정되었다.

2019년 이후 반사·비사 관련 특별법이 제정되기 시작했다. 특히, 김정은이 정면돌파전 선언 이후 꾸준히 반사·비사 법 제도를 공식적으로 구축하며 국가기관, 인민을 포함 간부 계층 이상을 압박, 관리를 통해 내부적인 균열을 막기 위한 조치로 볼 수 있다. 이와 같은 반사·비사 정책 관련 법률은 정책 방향이 제시된 직후 제·개정되는 경향성을 보이고 있다. 반사·비사 관련법으로 인민을 통제하는 법은 「반동사상문화배격법」, 「군중신고법」, 「이동통신법」, 「국가비밀보호법」, 「청년교양보장법」이고 기득권 척결의 목적을 가지고 있는 법은 「세외부담방지법」, 「단위특수화·본위주의반대법」, 「허풍방지법」이 있다. 명목적으로 범죄행위로 인민이익 보호를 가진 법으로 보이나 실은 기득권 척결의 목적도 있는 법으로는 「마약범죄방지법」, 「구타행위방지법」이 있다. 김정은 시대에 모든 법은 인민대중제일주의를 중심으로 실현하고 있다는 것이 그들의 주장이다. 이에 따라 반사, 비사 투쟁법 역시 인민대중제일주의를 실현하는 법이라는 것이다. 사실 이 법의 배경으로 자본주의 반동사상문화 중 남한의 문화적 영향력이 사회 전반에 확산될 거라는 우려를 기반으로 시행되었다는 점이다. 전 세계적으로 영향력 있는 남한 문화가 사회 전반에 확산이 된다면 김정은 정권이 유지되기 어려울 것이라는 현실적인 이유와 그동안의 단속만으로는 자본주의 문화가 파급되는 상황을 통제하기에는 한계가 있다는 점을 공식적으로 인정한 셈이다. 따라서 법제화를 통해 신고 체계를 강화하고 통제 수위를 높인 것으로 보인다. 북한 전반에 팽배한 개인을 비롯한 기관, 기업 등 모든 영역 전반에서 이루어지고 있는 부정부패, 세도·관료주의, 집단이기주의 등에 대한 강력한 통제 정책으로 인민들이 가지고 있는 불평불만을 기득권 척결의 형식을 빌려 무마하고 동시에 북한 전반에 흐트러져 있는 기강을 잡고자 하는 김정은의 정치적 판단이 강하게 들어간 현상이라고 볼 수 있다.

4. 법시스템의 제도화가 주는 함의

2019년 하노이 회담 결렬 이후 김정은이 비사·반사로 불리는 행위들을 처벌하는 법 제정을 중심으로 북한 인민을 감시하는 통제기능을 살펴보았다. 김정은은 집권 후 인민대중제일주의를 앞세우면서 인민들 앞에서는 사회주의를 지켜나가기 위하여 인민들을 위한 법 제정이라고 주장한다. 속내는 인민들뿐만 아니라 중간관리 이상 간부들을 공식적 감시 대상으로 삼으며 인민들을 통해 체제에 대한 불신감 등을 일정 부분 해소를 시켜주는 역할을 제도적 공식화란 방식으로 하고 있다. 대내외적으로 불안정한 체제를 안정적으로 유지하기 위한 자구책으로 보이는 지점이다. 이러한 사실은 2019년 하노이 회담 결렬 이후 김정은은 장고 끝에 '새로운 길'을 본격화한 2020년 8차 당대회 내용을 보면 알 수 있는 것으로 당대회의 핵심 키워드는 '인민'이었다. 김정은은 북한 체제가 공식적으로 내세웠던 전반적인 경제적 전략 목표가 크게 미달 상태였음을 공식적으로 인정하면서 이 원인을 관료들의 주관주의, 세도·부정부패를 주된 원인으로 지적하였다. 이를 반영하듯 그동안 방대한 조직으로 운영되었던 당 안의 당으로 불리는 조직지도부를 분화시켜 조직지도부-군정지도부-규율조사부 등으로 재정립하는 과정을 거쳤다.10) 더불어 선전 선동부의 역할을 강화함과 더불어 당 및 국가의 사회주의 규율과 법질서의 확립과 강화를 위해 당 내에서 법무부를 새롭게 신설하였다.11) 이러한 움직임은 대외적인 어려움이나 국제적인 제재, 코로나19, 자연재해 등과 더불어 남한 문화의 노출로 인한 인민들이 김정은 체제의 불신 불안정성에 대한 지점을 노출한 것이나 다름없다고 볼 수 있다. 김정은 집권 이후 많은 법 제정과 개정이 이루어져 왔고 김정은 통치행위의 특징은 법제도에 의한 공식화 과정을 거치면서 그가 추구하고자 하는 통치를 하고 있다는 점이다. 다시 말해 그가 어떤 법을 제정하고 개정하면서 공식화하고 있는지를 분석하면 그가 추구하는 방향을 알 수 있다는 것이 전 지도자들과 차이점이라고 할 수 있다. 김정은 집권 이후에 사회통제 정책은 두 개의 시기로 나눌 수 있는데 첫 시기는 2012년~2018년(1시기), 두 번째 시기는 2019년~현재(2시기)이다. 1시기에는 온 사회의 사상적 일색화를 중심으로 반사회주의, 비사회주의에 대한 문제점을 인식하고 있었지만 법제화는 하지 않았던 시기이다. 그러나 하노이 회담 결렬 이후 김정은의 리더십이 현격하게 손상을 입었다. 이러한 리더십 타격으로 2시기에서는 점차 외부문화 차단, 반동사상문화 배격, 반사회

---

10) 정영철, 『김정은의 전략과 북한』 (서울: 사회평론 아카데미, 2021).
11) 『노동신문』, 2021.1.11.

주의, 비사회주의 투쟁으로 점차 강력한 처벌을 공식적인 법제화를 통해 강제력을 확대하게 된다. 김정은이 북한 정권을 통치하는데 있어 보다 정치적 성격이 전보다 강해진 것으로 보이는 지점이다. 김정은은 통치를 위한 수단으로 보다 강력한 법제도 개선을 단행했고 앞으로도 법 제도를 이용한 정치를 계속할 것으로 보여 법제도 시스템화가 어떻게 어떠한 방향으로 구축되는지를 분석하면 앞으로 북한의 정치적 상황을 유추하고 그의 정치적 의도를 가늠해 볼 수 있는 단초를 제공해 줄 것이다.

참고문헌

1. 국문 단행본

국가정보원. 『北韓法令集』 上. 서울: 국가정보원. 2022.
국가정보원. 『北韓法令集』 下. 서울: 국가정보원. 2022.
남성욱 외. 『통일미래학 개론』. 서울: 박영사. 2024.
박정원·정철·남기명. 『북한사회주의헌법 기초연구』. 세종: 한국법제연구원. 2019.
선병주. 『김정은 시대 법제 연구: 인민대중제일주의와 관련성을 중심으로』. 서울: 선인. 2024.
이종석. 『새로 쓴 현대북한의 이해』. 서울: 역사비평사. 2000.
정영철. 『김정은의 전략과 북한』. 서울: 사회평론 아카데미. 2021.
통일연구원. 『북한인권백서 2015』. 서울: 통일연구원. 2015.
통일연구원. 『북한인권백서 2019』. 서울: 통일연구원. 2019.
통일연구원. 『북한인권백서 2020』. 서울: 통일연구원. 2020.
통일연구원. 『북한인권백서 2021』. 서울: 통일연구원. 2021.
통일연구원. 『북한인권백서 2022』. 서울: 통일연구원. 2022.
통일연구원. 『북한인권백서 2023』. 서울: 통일연구원. 2023.
통일연구원. 『북한인권백서 2024』. 서울: 통일연구원. 2024.
통일연구원. 『북한인권백서 2025』. 서울: 통일연구원. 2025.
헌법재판소 헌법재판연구원. 『사회주의 이론을 통해 본 북한 헌법』. 서울: 헌법재판소 헌법재판연구원. 2017.

2. 국문 논문

김엘렌. "북한 인권담론에 관한 이해와 우리의 현실적인 제반과제." 『아시아연구』 제24권 제1호(2021). pp. 193~210.

유동렬. "북한 정보기구의 변천과 현황." 『국가정보연구』 제11권 1호 (2018). pp. 153~187.

정영철. "북한에서의 시장 그리고 사회의 발견." 『한국과 국제정치』 제30권 제1호 (2014). pp. 125~148.

조윤영. "김정은 체제의 반사회주의·비사회주의 대응전략." 『국가안보와 전략』 제23권 1호 (2023). pp. 1~34.

최응렬·이규하. "북한 인민보안부의 사회통제에 대한 연구." 『사회과학연구』 제19권 1호 (2012). pp. 187~218.

홍제환 외. "조선노동당 제8차 대회 분석(2): 경제 및 사회문화 분야." 「Online Series」 CO21-02 (2021). pp. 1~9.

황의정. "북한의 주민일상에 대한 법적 통제: 비사회주의적 행위와 범죄규정화를 중심으로." 『북한연구학회보』 제21권 제1호 (2017). pp. 115~149.

3. 북한 문헌

『노동신문』. 2021.1.11.

제4장

명령하지 않는 시장*
북한의 비공식 기업과 군사문화

서 수 정

1. 북한 사회를 지배하는 군사문화

군사문화와 비공식 기업(informal firm) 활동은 북한사회의 주요 특징으로서 주민의 삶에 지대한 영향을 미치고 있다. 군사문화는 북한사회의 통합과 일관성을 유지하는 핵심적인 통제 기제로 작용하고 있다. 군사문화는 군사적 현상과 군 조직 내 문화가 민간 사회로 확산되어 재구성되는 현상을 의미하며, 군대의 규율, 가치관, 군대식 기풍과 조직 원리가 정치·경제·사회적 구조에 스며드는 과정을 포

---

* 본고는 〈조영웅·서수정, "북한 비공식 기업의 생산성 향상 기제로서 군사문화 수용 가능성 연구," 『아태연구』, 제31권 4호 (2024), pp. 193~238〉의 논문 일부를 수정한 내용입니다.
  해당 연구는 2023년 대한민국 교육부와 한국연구재단의 인문사회분야 신진연구자지원사업의 지원을 받아 수행되었습니다(NRF-2023S1A5A8077554).

함한다. 이는 집단적 성격, 통일성, 위계성, 규범 등을 강조하고, 개인의 자율성을 제약하는 동시에 국가에 대한 충성과 집단적 정체성을 강화하는 기능을 수행한다.[1] 북한의 군사문화는 한국전쟁과 분단 과정에서 확립된 전시 동원 체제에서 비롯되었으며, 1960년대 국방과 경제의 병진 노선 추진 과정에서 인민과 경제의 희생을 정당화하는 수단으로 활용되면서 더욱 심화되었다.[2] 이러한 북한의 군사문화는 오늘날에도 주민의 일상 언어, 규범, 사회적 관계 전반에 스며들어 있다.

한편, 비공식 기업은 비공식 경제(informal economy)의 핵심적인 행위자일 뿐만 아니라, 주민들이 비공식 경제에 참여하는 구체적인 실현 방식을 보여주는 사례이기도 하다. 학자마다 다소간 차이를 보이나, 일반적으로 비공식 경제는 공식적 규제 밖에서 이루어지는 다양한 형태의 경제적 활동을 포함하는 경제 영역을 의미한다.[3] 북한의 비공식 경제는 1990년대 고난의 행군 시기를 계기로 본격적으로 확산하기 시작하여 오늘날 북한주민의 생존에 필요한 재화와 자금의 주요 유통경로가 되었다.[4] 심지어 공식 부문의 기관이나 기업들 또한 기능 수행을 위해 비공식 경제에 일정 부분 의존하고 있다. 북한정부는 비공식 경제의 성장이 체제 유지에 미치는 위험성을 인

---

[1] 김동엽, "북한 군사문화 기원의 재구성," 『한반도포커스』, 제37호 (2016), p. 41.
[2] 위의 글.
[3] Armand Krasniqi, "Tax Administration and Commercial Banks as Specific Factors of Informal Economy in Kosovo" *Journal of Advanced Research in Law and Economics*, vol. 7, no. 8 (2016), pp. 2062~2067.
[4] 김학재 외, 『북한사회변동 2020』 (서울: 서울대학교 통일평화연구원, 2021), p. 106.

지하고 있지만, 인민 경제와 공식 경제의 생존을 위해 완전히 통제하지 못하고 있다. 이러한 비공식 기업 활동은 경제 영역을 너머, 주민 의식과5) 정치·사회 영역에도 영향을 미치고 있다.6)

두 가지 현상의 상호작용 방식과 그것의 영향을 이해하는 것은 북한사회의 변화 가능성과 그 변화 모습을 예상하는 데 있어 중요한 연구 주제일 것이다. 그러나 현재 두 현상을 통합해 분석을 시도하는 연구는 찾아보기 힘들다. 비공식 경제와 기업 활동의 확대가 북한사회의 군사문화에 어떠한 영향을 미치고 있는지, 혹은 북한 군사문화는 비공식 기업 활동에 어떠한 차별적인 환경을 제공하고 있는지 등 이러한 기본적인 질문에 대해서조차 현재 학계가 제공할 수 있는 정보의 양은 매우 제한적이다.

본 연구는 이러한 한계를 보완하기 위한 노력의 일환으로서, 지속 확대될 것으로 보이는 비공식 기업 활동이 북한 군사문화의 강도에 미칠 영향을 분석하고자 한다. 군사문화가 사회 통제 기제로 작동해 온 만큼, 비공식 기업 활동이 군사문화의 강도에 미치는 영향을 분석하는 본 연구는 향후 북한사회의 통합 수준을 예측하는 데 기여할 것이다. 구체적으로, 본 연구는 북한 비공식 기업의 입장에서 군사문화를 조직문화로 도입하는 것이 생산성 향상을 위한 합리적인 처방임을 조직문화 이론의 시각에서 주장하고, 이러한 이론적 처방이 북

---

5) 정은찬, "북한의 시장화와 주민 의식변화 반사회주의 통제를 위한 법규범,"『북한법연구』, 제25권 (2021), pp. 111~150.
6) 최용환·김소연, "북한의 시장화와 국가성격 변화,"『현대북한연구』, 제20권 3호 (2017), pp. 7~52.

한 비공식 기업에 실재하고 있는지 실증하고자 한다. 북한의 군사문화는 비공식 기업이 일반적으로 보이는 낮은 생산성을 보완하는 데 효과적인 처방일 수 있으며, 북한 비공식 기업 조직구성원들은 군사문화를 이미 깊이 공유하고 있기 때문에 효율적인 수용도 가능하다. 본 연구는 이러한 이론적 처방이 실제로 북한의 비공식 기업에서 실현되고 있는지 확인하고, 실현되지 않고 있다면 그 원인은 무엇인지 분석하고자 한다.

2. 북한 군사문화의 형성 과정과 원인

정치학 연구에서 북한 연구는 상위정치(high politics) 혹은 그것에 영향을 미치는 시장화, 비공식 무역, 계층 간 불평등 등 경제, 사회 현상을 분석하는 데 주요한 목적이 있다. 이에 따라 군사문화가 북한주민의 삶의 양식의 일부로 간주되어 왔음에도, 연구자들이 이에 대해 충분한 관심을 기울이지 않았던 것으로 보인다. 따라서 여기에서는 북한의 군사문화를 전문적으로 분석한 김동엽(2016)의 연구와 전략문화의 관점에서 북한사회의 군사화를 분석한 Husenicova(2018)의 연구를 중심으로 북한 군사문화의 형성 과정과 그 원인에 관한 기존 연구를 검토하고자 한다.

우선, 북한사회에 군사문화가 자리 잡게 된 데에는 북한의 역사적 경험과 국가와 체제 수호를 위해 주입된 군사(주의)화가 결정적인 요인으로 작용했다. 김동엽(2016)의 연구는 이러한 시각을 잘 정리하고 있다. 해방 이후 분단체제가 형성되고 한국전쟁이 발발하면서 전시동원체제가 북한사회에 자리 잡기 시작했다. 사회 전체가 전시동원체제 하에서 운영되면서 북한사회는 빠르게 군사(주의)화 되었다. 한편, 군인들은 이러한 군사(주의)화의 촉진제 역할을 했다. 전쟁 과정 동안 군인들은 화선입당 제도를 통해 대거 입당했다. 군의 확대와 화선입당으로 군과 당의 관계는 긴밀해졌고, 정부는 군을 권력 유지와 사회 안정 기제로 적극 활용하였다. 사회 유지에 군이 중추적인 역할을 담당하게 되면서 정치, 사회, 경제 영역에서 군대의 양식과 기풍도 빠르게 확산했다. 더욱이 전쟁 종료 후에는 제대한 입당 군인의 사회 진출이 본격화되고, 이들이 사회 운영에 주요한 직책을 담당하게 됨에 따라 당-군 일체화는 강화되었고 사회에 대한 군의 영향력도 크게 증대했다.

북한에서 군사문화의 사회화가 구조화하기 시작한 데에는 국방-경제 병진 노선이 중요한 계기가 되었다. 1960년을 전후로 중소분쟁, 중국인민해방군 완전 철수, 북-소관계 악화 등 안보 불안을 심화하는 일련의 사건들이 발생하면서 북한정부는 군사력 증강을 국가 우선 과제로 설정했다. 그 일환으로 북한은 국방-경제 병진 노선을 추진했는데, 이는 형식상 국방과 경제의 병립적 발전을 추구하고 있었으나, 실질적으로는 국방 건설에 방점을 두고 있었다. 국방-경제 병진 노선 속에서 인민 경제는 국방 건설이라는 우선 목표에 종속되었고, 이것이 수반하는 인민 경제의 희생을 정당화하기 위한 노력 속에서 군사문화가 북한사회 전반에 구조화되기 시작했다.

북한정부가 지속적으로 추진해 온 다양한 사회경제적 운동은 군사문화를 사회 전반에 확산시키고 이를 구조화하는 데 핵심적인 동력으로 작용했다. 북한정부는 인민 경제의 희생을 정당화하기 위해 다양한 정치사상 사업과 사회경제적 운동을 강조하기 시작했다. 이러한 정치사상 사업과 사회경제적 운동은 주로 역사 소급을 동반했다. 북한정부는 군의 역사를 건국 이전의 항일 무장투쟁 시기로 소급하면서 국방 건설을 위한 정치사상의 강화와 사회경제적 차원에서 군사화의 근원적 정당성을 확보하려 했다. 사회경제적 운동은 인민에게 군을 모범 삼도록 강요했으며, 이를 바탕으로 북한정부는 목표와 자력갱생, 희생, 속도를 강조하여 생산성 극대화를 도모하는 군대식 전투적 사업 방식을 확산시켰다. 우리가 언론을 통해 쉽게 접할 수 있는 북한의 속도전 방식의 사업들이 대표적인 사례이다. 군대식 가치를 강조한 사회경제적 운동은 군 경험이 없는 학생, 청년 조직이나 가정으로도 확대되었고, 이는 전 사회적 층위에서 군사문화를 심화했다.

한편, Husenicova(2018)는 특정 국가의 외교·안보 정책결정을 설명하는 데 있어 문화적·역사적 맥락의 중요성을 강조하는 전략문화(strategic culture)의 시각에서 북한사회의 군사화를 설명한다. 그녀는 북한의 지리적 환경, 자원 환경, 정치 구조, 기술 진보 노력(advancement of technology) 등이 군사화에 영향을 미쳤다고 이해한다. 지리적 차원에서 북한은 강대국이 집중적으로 포진하고 있는 동북아시아에 위치하고 있다. 이러한 지리적 위치로 인해 북한은 강대국의 침입을 상시 경계하고 있으며 이는 자연히 국방에 대한 높은 관심으로 이어졌다. 특히, 일제의 한반도 강점의 경험은 외부

침입에 대한 북한의 경계심을 심화시키는 주요 계기로 작용했다.[7] 자원 환경 차원에서, 북한은 천연자원을 자체적으로 개발할 수 있는 기술력이 부족한 데다, 정부 주도로 실시한 과도한 개간 사업으로 인해 산림이 무분별하게 훼손되어 산사태가 잦고 홍수와 가뭄에도 매우 취약했다. 극악의 자원 환경 속에서, 당의 관리 체계는 마비되었고, 체제와 인민에 대한 통제력은 약화되었다. 이에 따라 질서와 통제력을 회복하기 위한 북한정부의 군에 대한 의존은 심화했다. 북한의 정치 구조 역시 군사화를 촉진하는 요소이다. 전통적으로 북한의 정치 구조는 당-군 체제에 기초해 왔으며, 군의 역할과 영향력이 점차 확대하면서 정치 구조는 군에 경도되기 시작했다. 기술의 진보도 하나의 요소로 지적된다. 냉전의 경험은 북한에 핵무기, 미사일 등 군사 기술의 중요성을 인식하는 계기로 작용했다. 북한은 다양한 도전 속에서 국방을 위해 진보된 군사 기술을 보유하는 데 국가적인 노력을 집중하게 되었고, 이는 북한사회의 군사화를 촉진하고 있다.[8]

이상 기존 연구들은 군사문화의 형성 과정과 그 원인에 대해 다양한 가능성을 제기하고 있다. 그러나 기존 연구의 논의는 정부와 국가 차원에 한정되어 있다는 공통적인 한계를 보인다. 기존 연구들은 주민을 군사문화의 수동적인 수용자로 간단히 치부하고, 그들과 그들의 삶이 군사문화의 형성과 강화 과정에 미치는 영향에 대해서는

---

[7] Buzo 2003: Lucia Husenicova, "North Korean Strategic Culture: Survival and Security" *Scientific Bulletin*, vol. 23, no. 1 (2018), p. 32. 재인용

[8] Lucia Husenicova, "North Korean Strategic Culture: Survival and Security" *Scientific Bulletin*, vol. 23, no. 1 (2018), pp. 26~35.

고려하지 않고 있다. 비록 정부와 국가 차원에서 주입된 요인들을 원천으로 삼고 있다고 하더라도, 군사문화는 어디까지나 사회문화의 일부이며, 주민은 그러한 사회문화를 (재)구성하고 (재)생산하는 중요한 매개체이다. 군사문화의 형성과 강화 과정에 대한 분석에서 주민의 영향력은 간과할 수 없는 요소이다. 예컨대, 한국사회에서도 전쟁과 분단 과정에서 군대식 기풍이 기업, 시민 조직, 학교 등 사회 전반에 널리 그리고 깊숙이 스며들었으며, 시간과 환경의 변화에 따라 강-약의 변화를 보여왔다. 한국사회에서 군사문화는 때로는 경제적 성장의 원동력으로 여겨져 장려되었다가도, 사회의 경직성을 유발하는 해결이 필요한 문제 요소로 지적되어 왔다. 이러한 부침은 국가나 정부 차원에서 조성된 것이 아닌, 일반 주민과 그들의 삶이 구성한 환경과 맥락에 의해 결정되었다. 따라서 북한 군사문화의 형성과 강화 과정에 대한 분석에서도 북한주민과 그들의 삶의 영향을 함께 고려하려는 노력이 필요하다. 특히, 현대 북한주민의 삶에서 비공식 부문의 삶은 생존을 위한 사회 혹은 체제 일탈적 성격을 가지고 있다. 따라서 이러한 비공식 부문의 삶과 사회 통제 기제로 활용되고 있는 군사문화가 주민의 삶에서 어떠한 방식으로 상호작용하고 있는지 그리고 그것이 북한사회에 끼치는 영향은 무엇인지 탐구하는 것은 그 자체로도 매우 흥미로운 주제이다.

이러한 시각에서 본 연구는 지속 확대하고 있는 북한주민의 비공식 기업 활동이 군사문화를 강화할 가능성을 탐구하고자 한다. 한편, 일부 독자들은 군사문화와 비공식 경제와 기업 등 서로 이질적인 현상의 갈등이 아닌 조화를 기대하는 본 연구의 예상에 의문을 가질 수 있다. 그러나 비공식 경제와 기업 활동은 그 자체로 체제 전환의 목적을 두고 있지 않으며, 깊이 구조화된 군사문화 속에서 주민은 기업 이익 증대에 기여만 할 수 있다면 그것이 무엇으로부터 기인하고 있는지 더 이상 고려하지 않을 가능성이 높다(혹은 모르고 있을 가능성도 적지 않다). 두 현상의 조화에 대한 이질적인 느낌은 외부인의 시각에서나 가능할 것이다. 오히려 군사문화는 다양한 주민의 삶의 모습 중 조직 내 삶을 강조한 사회문화이고 개인 기업을 제외한 비공식 기업은 조직의 구성을 전제하기 때문에, 군사문화와 비공식 기업과 경제의 상호작용이 존재한다면, 그것은 비공식 기업의 조직문화에서 가장 분명하게 나타날 것이다.

3. 비공식 기업의 조직구조와 군사문화 수용 가능성

1) 비공식 기업의 조직구조와 조직문화 그리고 낮은 생산성

비공식 경제에서 활동하는 비공식 기업은 정부의 공식적인 등록 및 규제 체계를 따르지 않는 사업체로, 비공식 경제의 중요한 구성요소이다. 비공식 기업의 출현에 대해서는 세금 회피 및 규제 부담과 같은 기업가적 기회로 보는 견해,[9] 그리고 제도적 기반의 미비와 규제의 강도가 높은 환경에서 어쩔 수 없이 발생하는 선택으로 보는

---

[9] Chuan-Kai Lee and Shih-Chang Hung, "Institutional Entrepreneurship in the Informal Economy: China's Shan-Zhai Mobile Phones" *Strategic Entrepreneurship Journal*, vol. 8, no. 1 (2014), pp. 16-36.

입장이 존재한다.10) 이러한 비공식 기업은 노동 집약적 경향이 높으며, 서비스 업종에 종사하는 경우가 많다.11) 비공식 기업은 정부에 등록되어 있지 않아 세금을 회피하는 방식으로 운영되기에, 노동법이나 환경규제와 같은 법적 요건으로부터 자유롭고 기업 운영 비용을 낮출 수 있다는 장점을 가지고 있다. 그러나 동시에 내부 자산에 의존하기 때문에 현금 흐름 중단으로부터 특히 취약하다.12) 한편, 이러한 비공식 기업은 공식 부문에서 일자리를 찾을 수 없는 이들에게는 중요한 생계 원천이 되어주지만, 동시에 공식 기업의 활동과 경쟁에 교란을 야기하여 심각한 경제적 비효율을 발생시키기도 한다.13) 그래서 비공식 경제와 기업에 관한 연구들은 주민들의 고용 안정과 공식 경제의 동반 성장을 위해 비공식 기업의 공식화(formalization)를 유인할 수 있는 제도적 환경에 많은 관심을 가지고 있다.14)

낮은 생산성은 비공식 경제 내에서 활동하는 비공식 기업의 주요 특징 중 하나이다.15) 기존 연구들이 제시하는 비공식 기업의 낮은

---

10) Hernando De Soto, *The Other Path: The Economic Answer to Terrorism* (London: Harper Collins, 1989); 최윤형, "비공식 기업의 경쟁 압력이 기업의 뇌물 행위에 미치는 영향" (한양대학교 석사학위논문, 2021), p. 6.

11) Franziska Ohnsorge and Shu Yu, *The Long Shadow of Informality: Challenges and Policies* (Washington DC: World Bank Group, 2022), p. 7.

12) Subika Farazi, "Informal Firms and Financial Inclusion: Status and Determinants" *Journal of International Commerce, Economics and Policy*, vol. 5, no. 3 (2014), pp. 1~28.

13) Mohammad Amin and Cedric Okou, "Casting a shadow: Productivity of formal firms and informality" *Review of Development Economics*, vol. 24, no. 4, pp. 1612-1613.

14) Andrea Floridi, Binyam Afewerk Demena and Natascha Wagner, "Shedding Light on the Shadows of Informality: a Meta-analysis of Formalization Interventions Targeted at Informal Firms" *Labour Economics*, vol. 67 (2020).

생산성의 원인은 비공식 기업 경영 환경의 구조적 제약에 집중되어 있다. 제시된 원인들은 제도적 차원과 기업 역량 차원으로 구분할 수 있다. 제도적 차원의 원인에는 공공서비스에 대한 낮은 접근성, 열악한 비즈니스 환경 등이 있으며,[16] 기업 역량 차원의 원인으로는 생존 목적의 사업 운영,[17] 열악한 성장 능력 등이 있다.[18]

한편, 기존 연구들은 비공식 기업의 조직구조와 조직문화가 생산성에 미치는 영향에 대해서는 여타의 분석을 제시하고 있지 않다. 일반적으로 기업 생산성에 영향을 미치는 변수로는 노동력의 질과 숙련도,[19] 기술 및 자동화 수준,[20] 조직문화와 구조,[21] 기술진보와 자본 투자,[22] 시장환경 및 규제,[23] 리더십과 경영전략,[24] 작업환

---

[15] Nancy Benjamin and Ahmadou aly Mbaye, "The Informal Sector, Productivity, and Enforcement in West Africa: A Firm-Level Analysis" *Review of Development Economics*, vol. 16, no. 4, pp. 664-680.

[16] Alan Gelb, Taye Mengistae, Vijaya Ramachandran and Manju Kedia Shah, "To Formalize or Not to Formalize? Comparisons of Microenterprise Data from Southern and East Africa" Center For Global Development(Working Paper), July 2009.

[17] Guillermo Perry, William Maloney, Omar Arias and Pablo Fajnzylber, *Informality: Exit or Exclusion* (Washington, DC: The World Bank, 2007).

[18] Mohammad Amin and Cedric Okou, "Casting a shadow: Productivity of formal firms and informality" *Review of Development Economics*, vol. 24, no. 4, p. 1612.

[19] Gary S. Becker, *Human Capital: A Theoretical and Empirical Analysis, with Special Reference to Education* (Chicago: University of Chicago Press, 1964).

[20] Erik Brynjolfsson and Andrew McAfee, *The Second Machine Age: Work, Progress, and Prosperity in a Time of Brilliant Technologies* (New York: W.W. Norton & Company, 2016).

[21] Daniel Denison, *Corporate Culture and Organizational Effectiveness* (New York: Wiley, 1990).

[22] Robert M. Solow, "Technical Change and the Aggregate Production Function" *The Review of Economics and Statistics*, vol. 39, no. 3 (1957), pp. 312~320.

[23] Michael E. Porter, "The Competitive Advantage of Nations" *Harvard Business Review*, March-April 1990.

경25) 등이 거론된다. 여기에서 대부분의 변수들은 이상 비공식 기업의 낮은 생산성을 설명하는 데 사용되고 있지만, 유독 조직구조와 문화에 대한 논의는 찾아보기 힘들다. 그 이유는 조직구조와 문화가 비공식 기업의 생산성에 영향을 미치지 않는다거나 연구자들의 단순한 무관심 때문만은 아니다. 대신에, 음성적으로 운영되는 비공식 기업의 특성상 연구자가 기업 내부 환경에 접근하기가 용이하지 않기 때문일 것이다.26)

그러나 비공식 기업도 공식 기업과 마찬가지로 조직구조와 조직문화가 그것의 생산성에 얼마간 영향을 미칠 것은 당연하다. 비공식 기업도 조직 운용을 바탕으로 활동하는 경우가 많기 때문이다. 2009년~2011년 아프리카 비공식 기업을 대상으로 실시한 세계은행의 설문조사에서 개인 비공식 기업은 28%에 불과했으며, 5명~25명의 조직을 구성해 기업을 운영하는 경우도 23.9%나 되었다. 물론, 거의 모든 비공식 기업이 중소규모에 불과하지만, 조직구조와 조직문화가 생산성에 미치는 영향은 중소규모의 기업에서도 마찬가지다.27) 따라서 이하에서는 이론적 시각에서 비공식 기업의 조직문화와 조직

---

24) John P. Kotter, *Leading Change*. Boston: Harvard Business School Press, 1996.
25) Paul Roelofsen, "The Impact of Office Environments on Employee Performance: The Design of the Workplace as a Strategy for Productivity Enhancement" *Journal of Facilities Management*, vol. 1, no. 3 (2002), pp. 247~264.
26) Amanda Haarman, Marcus M. Larsen and Rebecca Namatovu, "Understanding the Firm in the Informal Economy: A Research Agenda" *European Journal of Development Research*, vol. 34, no. 6 (2022), pp. 3005~3025.
27) Graca Oliveira Saraiva, Joao J. Ferreira and Maria-Ceu Alves, "Turnaround, Decline, and Strategic Posture of SME: Empirical Evidence" *Journal of the Knowledge Economy*, vol. 15 (2024), pp. 17972~18002.

구조가 비공식 기업의 생산성에 미치는 영향에 대해 분석한다.

(1) 개념: 조직구조, 조직문화, 조직효과성

우선, 조직구조와 조직문화 그리고 조직효과성의 개념을 간단히 살펴보자. 조직구조는 조직 내 업무 간 체계와 조직에 관한 것으로, Kast & Rosenzweig(1973)는 조직구조를 '조직구성원 간 권력관계, 위계 관계, 역할 배분 및 조정의 상태, 관리 체계 등 상호관계의 총체'로 정의한다.[28] 이러한 조직구조는 조직구성원의 역할과 책임, 의사소통 경로의 배열을 통해 조직의 효율성과 자원의 최적 배분 수준에 영향을 미친다.

다음으로, 조직문화는 '조직이 외부 적응과 내부 통합의 문제를 해결하는 과정에서 학습한 공유된 기본 가정들의 패턴으로, 이 가정들은 충분히 효과적이라 여겨져 유효한 것으로 받아들여지고, 새로운 조직구성원들에게 그러한 문제에 대해 인식하고, 사고하며, 느끼는 데 올바른 방식으로 가르쳐지는 것'으로 정의된다.[29] 조직문화는 다른 조직과 구별되는 차별적 역량(discriminatory power)으로서 다른 조직과의 경계로 작용하고, 조직구성원에게 조직구성원으로서의 정체성을 부여하는 한편, 개인 이익 이상의 가치를 추구하게 한다. 또한 조직문화는 조직사회의 안정성을 증진하며, 조직구성원의

---

[28] Fremont Ellsworth Kast and James Erwin Rosenzweig, *Contingency Views of Organization and Management*. Chicago, IL: Science Research Associates, 1973.
[29] Edgar Schein, "Coming to a New Awareness of Organizational Culture" *Sloan Management Review*, vol. 25, no. 2 (1984) pp. 3~16.

행동과 태도를 유도하는 의미 형성 또는 통제 기제로 작용한다.30) 이러한 조직문화의 특성은 조직구조로부터 많은 영향을 받기 때문에,31) 연구자들은 조직구조를 전통적인 조직통제 기제로, 조직문화는 이를 대체하는 조직통제 기제로 이해하기도 한다.32)

마지막으로 조직효과성은 조직의 생산성, 작업 효율성 등을 포괄하는 개념으로서 조직 평가에서 주로 사용된다. 본래 조직 평가에서는 조직 목표 달성 여부가 중요하나, 이러한 조직 목표는 높은 추상성으로 인해 객관적 평가에 적용하기 어렵다는 단점이 있다. 그래서 보다 구체적인 개념인 조직효과성이 대안적인 조직 평가 기준으로 사용되고 있다. 이러한 조직효과성을 측정하는 데는 재무적 성과와 조직구성원들의 몰입도나 만족도 등의 주관적 인식이 모두 사용될 수 있다.33)

(2) 비공식 기업의 조직구조와 낮은 생산성

조직구조가 조직효과성에 미치는 영향은 복잡성(complexity), 공

---

30) Geert Hofstede, *Culture's Consequences: International Differences in Work-Related Values*. Beverly Hills, Calif.: Sage Publications, 1980); Kim S. Cameron and Robert E. Quinn, *Diagnosing and Changing Organizational Culture: Based on the Competing Values Framework*(3rd ed.) (San Francisco, CA: Jossey-Bass, 2011).
31) Edgar H. Schein, *Organizational Culture and Leadership*(4th ed.) (San Francisco, CA: Jossey-Bass, 2010).
32) William G. Ouchi, "Markets, Bureaucracies, and Clans" *Administrative Science Quarterly*, vol. 25, no. 1 (1980), pp. 129~141; 이덕로·이종찬, "조직문화 구성형태에 따른 조직구조의 차이분석,"『대한경영학회지』, 제19호 (1998), pp. 231~248.
33) 주효진, "조직구조, 조직문화 및 조직 효과성의 관계에 관한 연구: 업무특성별 기관분류를 중심으로,"『행정논총』, 제42권 2호 (2004), p. 32.

식화(formalization), 집권화(centralization) 등 세 가지 차원에서 구분하여 논의해 볼 수 있다. 첫째, 복잡성이다. 조직구조의 복잡성은 조직 내 분화 정도를 의미하며, 수평적 분화와 수직적 분화 그리고 공간적 분산 등 세 가지 척도에서 측정된다. 수직적 분화와 수평적 분화는 서로 얼마간의 비례 관계에 있기에 두 분화 간 조정과 조화의 중요성이 강조된다. 일반적으로 수직적 분화 수준은 조직효과성(특히, 직무 만족)과 정·부 관계를 모두 보이는 한편, 수평적 분화의 경우 조직효과성과 반비례 관계를 보이는 것으로 알려져 있다. 지나치게 세분화된 직무와 과다한 업무 수가 조직구성원들의 직무 만족을 감소시키기 때문이다. 다음으로 공식화는 조직과 조직구성원의 업무 배분과 그 수행 과정에 대한 공식적인 규정화 수준을 의미한다. 공식화 수준의 증가는 일정 정도 조직몰입과 직무만족을 증진하여 조직효과성 증진에 기여한다.[34] 반면, Merton(1978)은 규정에 대한 복종을 요구하는 위계 구조가 조직구성원의 과도한 규칙 준수와 보수적 성향을 유발하여 도리어 직무 만족을 감소시킬 가능성을 제기하기도 한다. 마지막으로 집권화는 의사결정에서 권한의 분배 상태를 의미한다. 집권화 수준과 조직효과성 사이에는 다양한 견해가 존재한다. 집권화에 대해서 긍정적인 견해를 가진 연구들은 강력한 리더십과 명령체계의 일원화가 조직 성과 향상에 기여한다고 주장한다. 그러나 반대의 견해를 가진 연구자들은 조직의 사기를

---

[34] Ronald E. Michaels, William L. Cron, Alan J. Dubinsky and Erich A. Joachimsthaler, "Influence of Formalization on the Organizational Commitment and Work Alienation of Salespeople and Industrial Buyers" *Journal of Marketing Research*, vol. 25, no. 4 (1988), pp. 376~383.

중시하는데, 이들은 집권적 조직구조는 높은 경직성을 유발하고 재량권 부족으로 조직구성원들의 사기가 저하되어 조직효과성이 감소하게 된다고 주장한다. 한편, 상황적합성을 중시하는 연구들은 집권화 수준과 조직효과성 사이의 일정한 관계 설정을 거부하고, 상황에 따른 적합한 조직구조 설계의 필요성을 주장하기도 한다.[35]

이상의 세 가지 특성에 따라 비공식 기업의 조직구조를 평가할 때, 비공식 기업의 조직구조는 생산성 향상에 비교적 불리하다고 평가할 수 있다. 첫째, 복잡성 차원에서 보자면, 비공식 기업의 조직구조가 조직효과성에 미치는 긍정적인 영향은 제한적이라고 이해할 수 있다. 일반적으로 비공식 기업은 간단한 기술과 공정이 사용되는 사업에 참여한다. 그래서 비공식 기업의 조직구조가 고도의 수평적 분화 수준을 보일 가능성은 낮다. 그러나 수평적 분화 수준이 낮다고 하더라도 복잡성 측면에서 비공식 기업의 조직구조가 생산성 향상에 유리하다고 평가하기는 힘들다. 비공식 기업 조직구성원의 역할은 체계적으로 분화되어 있지 않은데, 이는 높은 수준의 수평적 분화 상태와 반대로 역할 분담의 높은 모호성을 야기한다. 그리고 이러한 모호성은 조직구성원의 직무 만족도를 낮춤으로써 조직효과성을 감소시킨다.[36] 나아가 비공식 기업의 공간적 분화 수준이 높은 경우, 기업가의 관리 감독이 어려워지는데, 이는 기업가 1인을 중심

---

[35] 주효진, "조직구조, 조직문화 및 조직 효과성의 관계에 관한 연구: 업무특성별 기관분류를 중심으로," 『행정논총』, 제42권 2호 (2004), pp. 35.
[36] Mahfuz Judeh, "Role Ambiguity and Role Conflict as Mediators of the Relationship Between Socialization and Organizational Commitment" *International Business Research*, vol. 4, no.3 (2011), pp. 171-181.

으로 운영되는 비공식 기업 조직에서는 치명적일 수 있다.

둘째, 공식화 차원에서 볼 때, 비공식 기업의 조직구조는 조직효과성에 부정적인 영향을 미친다고 평가할 수 있다. 비공식 기업은 공식 규제와 제도를 회피할 목적에서 설립되어 음성적으로 운영되기 때문에, 문서화된 공식적인 규정이나 절차를 보유할 가능성이 적다. 또한 비공식 기업은 단기적 이익에 집중하고 있어 조직의 유연성을 중시하는 반면, 복잡한 절차나 체계를 구성하는데 무관심하다. 또한 높은 유연성 속에서 조직구성원은 상황에 따라 다양한 업무를 담당하게 되면서 역할과 체계의 모호성을 겪게 되는데, 이 때문에 공식적인 역할과 체계를 구성하더라도 그것의 유지 기간이 짧을 수밖에 없고 조직구성원이 이를 습득할 시간도 충분하지 않다. 나아가, 비공식 기업은 제도권 밖에서 운영되기 때문에 공식적인 역할과 체계를 부여하더라도, 조직구성원들에게 이를 강제할 방법은 부족하다. 예를 들어, 비공식 기업의 노동자들은 불성실한 근무 태도를 보이는 경우가 많은데[37] 이 경우 비공식 기업은 해당 직원을 해고하는 것 외에는 별다른 수단이 없다.

셋째, 집권화 차원에서 비공식 기업의 조직구조는 생산성에 긍정적인 영향을 미칠 수 있다. 비공식 기업은 기업가를 중심으로 권한이 집중되어 운영되는 높은 집권화 수준을 보인다. 물론, 전술한 것처럼, 이러한 권한 집중은 조직 분위기를 경직시키고 조직구성원의 재량권을 제한하여 사기 진작에 불리하게 작용할 가능성도 있다. 그

---

[37] OECD/ILO, *Tackling Vulnerability in the Informal Economy* (Paris: OECD Publishing, 2019), pp. 67~89.

러나 비공식 기업의 조직구성원들은 주로 생계 유지를 위해 입사한 경우가 많아, 높은 사기나 열정적인 근무 태도는 본질적으로 기대하기 어렵다. 이러한 시각에서 사기 진작의 문제로 인해 높은 집권화 수준이 조직효과성에 특별히 부정적인 영향을 끼칠 것으로 평가하기는 어렵다. 다만, 비공식 기업의 경우 기업가를 제외한 조직구성원 간 권한 관계는 체계화되거나 공식화되지 않은 상태일 가능성이 크며, 기업 규모가 커지거나 업무가 지리적·물리적으로 분산된 환경에서는 기업가 1인이 모든 업무를 관장하고 조직을 관리하기 어려울 수 있다. 이 경우 높은 집권화 수준은 비공식 기업에 오히려 부정적인 영향을 미칠 가능성이 있다.

종합하면, 비공식 기업의 조직구조는 집권화 차원을 제외하고 조직효과성을 증진하는 데 있어 비교적 불리한 특성을 가지고 있다고 평가할 수 있다.

(3) 비공식 기업의 조직문화와 낮은 생산성

연구자들은 기업의 생산성 증진에 기여할 수 있는 조직문화에 대해서 탐구해왔다.[38] 이러한 연구들은 사업적 출중함(business excellence)이 조직의 출중함으로부터 기인하고, 이는 다시, 효과적인 조직문화에서 기인하고 있다는 가정에서 시작하고 있다.[39] 조직효과성과 조직문화

---

[38] John P. Kotter and James L. Heskett, *Corporate Culture and Performance*. New York: Free Press, 1992; Daniel R. Denison and Aneil K. Mishra, "Toward a Theory of Organizational Culture and Effectiveness" *Organization Science*, vol. 6, no. 2 (1995), pp. 204~223.

를 분석하는 연구는 다음의 세 가지 경향으로 분류된다. 조직효과성 증진에 기여할 수 있는 조직문화의 특정 유형(cultural types of traits)을 발견하려는 연구, 조직문화의 강도(cultural strength)에 따라 조직효과성의 차이를 확인하려는 연구, 조직문화, 조직구조, 조직전략, 산업의 특성, 환경적 특성 등 조직 내외의 요소를 통합적으로 고려하여 적합성(fit)을 중심으로 조직효과성을 설명하는 연구 등이 그것이다.

그중에서도 연구자들의 관심을 가장 많이 받는 주제는 두 번째 경향에 해당하는 강한 조직문화에 관한 것이다. 조직문화 강도의 개념에 대해서는 연구자들 사이에 다소간 차이가 존재하나, 일반적으로 조직구성원들의 핵심가치 공유 정도, 조직구성원들의 핵심가치 내면화 수준, 핵심가치의 지배적 가치로서의 유지 기간 등이 조직문화 강도에 주요한 영향을 미친다는 데 동의한다.[40] 조직문화 강도에 주목하는 연구들은 기본적으로 강한 조직문화(strong organizational culture)가 조직효과성 증진에 기여한다고 이해한다. 강한 조직문화가 명확한 조직 목표 설정과 직원들의 헌신을 촉진하며, 적응성과 유연성을 높여 장기적으로 조직 성과에 긍정적인 영향을 미치기 때문이다.[41]

---

[39] Alan Brown, "Managing Challenges in Sustaining Business Excellence" *International Journal of Quality & Reliability Management*, vol. 30, no. 4, pp. 461~475.

[40] George G. Gordon and Nancy DiTomaso, "Predicting Corporate Performance from Organizational Culture" *Journal of Management Studies,* vol. 29, no. 6 (1992), pp. 783~798.

[41] John P. Kotter and James L. Heskett, *Corporate Culture and Performance*. New York: Free Press, 1992; Daniel Denison, *Corporate Culture and Organizational Effectiveness* (New York: Wiley, 1990); Charles O'Reilly and Jennifer A. Chatman, "Culture as Social Control: Corporations, Cults, and Commitment" *Research in Organizational Behavior*, vol. 18 (1996), pp. 157~200.

반면, 약한 조직문화(weak organizational culture)는 기업 내에서 투명성과 지속적인 소통의 저하를 초래한다.[42] 이러한 결함은 조직구성원이 조직과 다른 우선순위를 고려하게 만들며,[43] 조직구성원 개인의 문화와 가치가 강조되면서 조직의 경영 우선순위와 갈등을 야기한다. 결국 이러한 갈등은 조직의 생존을 위태롭게 만든다.[44] 특히, 약한 조직문화는 중소규모 기업의 경우에 더 치명적이다. 중소규모 기업의 성장과 생존 전략은 효과적인 조직문화에 기반하고 있기 때문이다. 심지어 기업들이 효과적인 회복 전략(resilient strategy)을 구비하고 있다고 하더라도, 약한 조직문화는 그러한 회복 전략의 효과성을 압도한다.[45]

이상의 시각에서, 비공식 기업의 조직문화 특성은 조직구조와 마찬가지로 낮은 생산성에 기여하고 있을 가능성이 크다. 비공식 기업은 약한 조직문화가 구성되는 데 유리한 기업 환경을 가지고 있기 때문이다. 이는 두 가지 차원에서 예상 가능하다. 첫번째, 조직문화의 형성 과정 차원이다. 일반적인 공식 기업의 경우, 기업 창립자(founder)가 주입한 가치가 기업 전반에서 중요하게 고려되고, 사업

---

[42] Edgar H. Schein, *Organizational Culture and Leadership*(4th ed.) (San Francisco, CA: Jossey-Bass, 2010).
[43] Eric Flamholtz and Yvonne Randle, *Corporate Culture: The Ultimate Strategic Asset* (Stanford, CA: Stanford University Press, 2011)
[44] Dave Eaton and Gabriella Kilby, "Does Your Organizational Culture Support Your Business Strategy" *Journal for Quality and Participation*, vol. 37, no. 4 (2015), pp. 4~7.
[45] Victor Amadin Idehen and Okunbo Osahon. "Impact of Informal Organization Culture on Firm Performance in Nigeria" *International Journal of Intellectual Discourse*, vol. 7, no. 2 (2024), p. 197.

의 성공을 통해 그러한 경향이 강화되며, 이후 교육을 통해 이것이 기업 전반과 새로운 조직구성원들에게 전파되면서 조직문화가 형성된다.46) 반면, 비공식 기업의 창립자와 그 조직구성원들은 단순히 생계를 위해 기업 활동에 참여하기 때문에 특별한 가치를 조직에 주입하고, 이를 장기적으로 학습 및 전파하는 데 큰 관심을 가지고 있지 않을 가능성이 크다. 두번째, 조직구조 차원이다. 전술한 것처럼, 조직문화의 특성은 그 기업이 가진 조직구조로부터 많은 영향을 받는다. 비공식 기업의 조직구조 특성은 조직문화를 강화하는 데 불리하다. 비공식 기업의 조직구조는 업무 분담의 명확성이 낮고, 공식화 수준도 낮다. 이러한 조직구조는 비공식 기업에 고도의 유동성을 제공하여 외부 환경 변화에 빠르게 적응하는 데 기여한다. 이는 비공식 기업의 본질적인 속성이자 생존전략이다. 그러나 이러한 조직구조는 조직구성의 높은 유동성을 야기하고 지속적이고 확립된 규범의 조성을 방해하면서 조직문화의 강화를 어렵게 만든다. 특히, 전술한 것처럼 창립자와 조직구성원이 기업에 특별한 가치를 부여하는 데 관심이 없는 비공식 기업의 경우, 이러한 경향은 더욱 심할 것으로 보인다.

비공식 기업의 낮은 생산성, 조직구조, 조직문화와 조직효과성에 대한 이론적 논의는 북한의 비공식 기업에도 적용될 가능성이 크다. 특히, 북한의 계획경제와 국가의 강력한 통제 및 감시 체제는 비공

---

46) Mamatha S, V. and Geetanjali P., "Founder Leaders and Organization Culture: A Comparative Study on Indian and American Founder Leaders Based on Schein's Model of Organizational Culture" *IIM Kozhikode Society & Management Review*, vol. 9, no. 1 (2020), pp. 23~33.

식 기업의 조직운영을 더욱 음성적으로 만들며, 이는 조직구조와 조직문화에 부정적인 영향을 미쳐 조직효과성을 더욱 저하시킬 수 있다. 따라서, 북한 비공식 기업의 조직구조와 조직문화는 조직효과성 증진에 특히 불리할 것으로 예상하는 것도 무리는 아닐 것이다.

2) 북한 비공식 기업을 위한 이론적 처방: 조직문화로서 군사문화의 수용

이론적 시각에서 북한 비공식 기업의 조직구조와 조직문화는 조직효과성, 나아가 기업 생산성 증진에 매우 불리한 특성을 가지고 있다고 평가된다. 그러나 동시에 이러한 이론적 시각은 북한사회가 가지고 있는 군사문화의 특징이 조직문화로 수용되어 비공식 기업의 조직효과성을 보완하고 있을 것이라는 가설의 타당성을 제공하기도 한다.

첫째, 기업가는 하위문화를 조직문화로 수용해 조직효과성 증진을 도모할 수 있기 때문이다. 기업의 생산성이 조직문화로부터 많은 영향을 받는 만큼, 기업가는 조직문화를 적절히 관리하여 조직효과성과 생산성 향상을 촉진한다.[47] 기업가가 건강한 조직문화를 조성하고 유지하는 데에는 다양한 방법이 활용될 수 있다. 하위문화(subculture) 관리도 그러한 방법 중 하나이다. 조직문화에는 창립자로부터 주입된 핵심가치를 중심으로 구성된 지배적 문화(dominant

---

[47] John R. Childress, *Leverage: The CEO's Guide to Corporate Culture* (London: Principia Associates, 2013)

culture) 뿐만 아니라, 같은 부서나 같은 지역에 있는 조직구성원들 사이에 공통적인 문제나 경험을 바탕으로 형성되는 하위문화도 존재한다. 하위문화는 약한 조직문화를 가진 조직 뿐만 아니라, 강한 조직문화를 가진 조직에서도 발생한다. 이러한 하위문화는 조직문화에 긍정적인 측면과 부정적인 측면을 모두 가지고 있다. 특정 부서의 하위문화가 강화되는 경우, 이러한 하위문화는 지배적 문화에 대한 저항을 야기하면서 조직문화에 부정적인 영향을 끼친다. 반대로, 하위문화가 조직문화 발전에 긍정적인 요소를 포함하는 경우도 존재하는데, 이러한 하위문화를 조직문화로 흡수하는 것은 환경 변화에 대한 조직의 민첩한 변화를 가능하게 만드는 데 도움이 된다.[48]

북한 비공식 기업의 하위문화는 군사문화를 포함할 가능성이 크다. 이는 하위문화가 국가문화(national culture)의 영향을 강하게 받는다는 점에서 기인한다. 기본적으로 국가문화는 조직문화의 속성에 깊이 영향을 미치며, 기업가의 관리와 통제 아래 형성되는 지배적 문화조차도 국가문화의 영향을 피할 수 없다.[49] 그렇다면, 기업가의 관리와 통제를 벗어난 조직구성원들에 의해 자연스럽게 형성되는 하위문화는 국가문화의 영향을 상대적으로 더 강하게 받을 수밖에 없다. 이러한 관점에서 북한사회에 깊이 뿌리내린 군사문화

---

[48] Joanne Martin, *Organizational Culture: Mapping the Terrain.* CA: Sage Publications, 2002; Alicia Boisnier and Jennifer A. Chatman, "*The Role of Subcultures in Agile Organizations,*" in R. S. Peterson and E. A. Mannix (eds.), *Leading and Managing People in the Dynamic Organization* (Mahwah, NJ: Lawrence Erlbaum Associates Publishers, 2003), pp. 87~112.

[49] Geert Hofstede, *Culture's Consequences: International Differences in Work-Related Values* (Beverly Hills, Calif.: Sage Publications, 1980).

가 북한 비공식 기업의 하위문화에 포함될 가능성은 자연스럽다고 할 수 있다. 이는 본 연구의 두 번째 이론적 타당성과도 일부 중첩된다.

북한 비공식 기업의 기업가 입장에서 기업의 하위문화로 존재하는 군사문화는 비공식 기업 조직의 구조적 한계를 완화하여 조직효과성 증진에 기여하는 효과적이고 효율적인 처방일 것이다. 전술했듯, 군사문화는 집단적 성격, 통일성과 획일성, 조직목적의 절대성, 위계성, 규범 강조 등을 강조한다. 이러한 군사문화는 비공식 기업의 조직구조의 제약을 보완할 수 있다. 비록 일대일로 엄밀한 짝을 지을 수는 없을 것이나, 군사문화의 문화적 맥락은 낮은 공식화 수준에도 불구하고 조직구성원들이 규범·체계·위계를 존중하게 만들고, 개인의 생존과 생계에 집중하는 조직구성원들에게 집단으로서의 정체성을 부여하는 데 도움이 될 것이다. 더구나 이미 군사문화는 조직구성원들에게 깊이 공유되고 있기 때문에, 이를 군사문화로 수용하는 작업은 효율성도 보장할 수 있을 것이다.

실제로 군사문화를 조직문화에 수용해 기업의 생산성 증진에 활용한 사례는 어렵지 않게 찾아 볼 수 있다. 사실, 현대 군대와 기업의 조직은 본질적으로 높은 유사성을 가지고 있다. 현대 기계산업 비즈니스의 초기 구조가 군대조직 모델에 기반을 두고 있기 때문이다. 대규모 조직을 관리하는 데 있어 당시 기업이 차용 가능한 유일한 모델은 군대조직 모델이 전부였다.[50] 특히 의무복무제도, 전통적인 안보 위협, 전시동원체제 등을 경험한 한국·일본·싱가폴[51] 등에

---

[50] Eric Hobsbawm, *Age of Extremes: The Short Twentieth Century, 1914-1991* (London: Abacus, 1995).

서 이러한 경향은 더욱 짙을 수 밖에 없다. 한국의 기업문화가 군대문화의 성격을 짙게 가지고 있다는 것은 우리에게 익숙한 사실이다. 북한 기업 역시 현대 산업의 전통적 특성에서 벗어나 있지 않으며, 역사·정치적 이유로 사회에 군사적 요소가 깊이 침투해 있기 때문에 본 연구의 이론적 처방이 북한 비공식 기업에 실재할 것이란 추정은 높은 개연성을 가지고 있다.

가설에 타당성을 제공하는 두번째 이론적 설명은 조직문화는 구조적으로 국가문화로부터 영향을 받기 때문이다.52) 군사문화는 북한 비공식 기업가의 의도와 상관없이 조직문화에 흡수되어 있을 가능성이 크다. 조직문화의 속성은 조직이 속한 국가의 문화로부터 많은 영향을 받기 때문이다.53) 실상, 1980년대부터 본격적으로 시작한 초기 조직문화 연구는 국가문화와 조직문화 간 관계 분석에 초점이 맞춰져 있었다. 대표적인 연구로는 Hofstede(1980)의 문화 차원 이론(cultural dimensions theory) 연구가 있다. 그는 IBM의 세계 39개국의 마케팅 및 서비스 부서를 4가지 국가문화 차원에서 분석하여 같은 부서의 조직이라도, 국가문화에 따라 상이한 조직문화를

---

51) "Understanding Military Culture in Singapore: An Overview," Total Military Insight. June 30, 2024; ⟨https://totalmilitaryinsight.com/military-culture-in-singapore/⟩ (2024년 10월 28일 검색)
52) Jane Lewis, *Work-Family Balance, Gender and Policy* (UK: Edward Elgar Publishing, 2010); Raphael Snir and Itzhak Harpaz, "Cross-Cultural Differences Concerning Heavy Work Investment" *Cross-Cultural Research*, vol. 43, no. 4 (2009), pp. 309~319.
53) Gary N. Powell, Anne Marie Francesco and Yan Ling, "Toward Culture-sensitive Theories of the Work-Family Interface" *Journal of Organizational Behavior*, vol. 30, no. 5 (2009), pp. 597-616.

보일 수 있음을 주장했다. 그는 문화가 연구 목적에 따라 다양한 수준으로 개념화 될 수 있음을 인정하는 동시에,54) 국가 수준의 문화가 그 사회의 가장 근본적인 문화로 작용한다고 말한다.55) 즉, 문화의 사회화 과정 속에서 한 사회의 가치와 신념은 후속 세대로 전파되며, 이에 따라 국가문화는 장기적으로 다른 형태의 문화에 영향을 미치는 것이다.56) 심지어, 그의 연구는 체제 전환 단계 및 개발도상국과 부분적으로 관련 있다는 점에서,57) 북한의 비공식 기업 조직에 대해 시사하는 바가 크다고 평가할 수 있다.

특히, 비공식 기업과 같이 약한 조직문화의 기업은 국가문화의 영향으로부터 더욱 쉽게 영향을 받는다. 전술한 것처럼, 약한 조직문화 속에서 조직구성원들은 기업가와 다른 우선순위를 고려하기 시작하며,58) 조직구성원 개인의 가치와 문화가 강조되기 때문이다.59) 나

---

54) Geert Hofstede, "Identifying Organizational Subcultures: an Empirical Approach" *Journal of Management Studies*, vol. 35, no. 1 (1998), pp. 1~12.
55) Geert Hofstede, Gert Jan Hofstede and Michael Minkov, *Cultures and Organizations: Software of the Mind*(3rd edn.) New York: McGraw Hill, 2010).
56) Juliana Abagsonema Abane and Boon-Anan Phinaitrup, "The Determinants of Performance Management Outcomes in Public Organizations in Sub-Saharan Africa: the Role of National Culture and Organizational Subcultures" *Public Organization Review*, vol. 20, no. 3, p. 514.
57) Niklas Lindholm, "National Culture and Performance Management in MNC Subsidiaries" *International Studies of Management & Organization*, vol. 29, no. 4 (1999), pp. 45~66.
58) Eric Flamholtz and Yvonne Randle, *Corporate Culture: The Ultimate Strategic Asset* (Stanford, CA: Stanford University Press, 2011).
59) Dave Eaton and Gabriella Kilby, "Does Your Organizational Culture Support Your Business Strategy" *Journal for Quality and Participation*, vol. 37, no. 4 (2015), pp. 4~7.

이지리아 기업의 높은 폐업률을 국가문화와 조직문화의 관점에서 분석한 Idehen & Osahon(2024)의 연구가 좋은 예이다. 이들의 연구는 약한 조직문화를 가진 중소규모의 나이지리아 기업 내부에서, 나이지리아 사회가 가지고 있는 부패와 금전적 보상의 문화가 비공식 조직문화(informal organizational culture)로서 기능했고, 이것이 임직원의 사기 행위와 무모한(reckless) 리더십을 용인하면서 높은 폐업률을 야기했다는 설명이다. 물론, 앞서 하위문화에 관한 논의에서 설명했듯, 모든 하위 문화가 기업 생산성에 부정적인 영향을 미치는 것이 아니기에 북한 비공식 기업의 경우 이러한 국가문화에 대한 하위문화의 취약성은 기업 생산성 증진에 더 유리한 조건으로 작용할 수 있다.

이상의 시각에서, 북한의 사회문화 중 하나인 군사문화는 기업가의 노력과는 별개로 자연스럽게 비공식 기업의 조직문화에 흡수되어 있을 가능성이 크다고 예상할 수 있다. 북한 비공식 기업이 북한 내에서 운영되는 한 군사문화의 영향을 피하기는 힘들다. 더불어 북한의 비공식 기업은 특수한 경제-정치 체제 아래서 강한 조직문화가 형성되는 데 매우 취약한 조건을 가지고 있다. 이러한 약한 조직문화를 가진 북한의 비공식 기업은 군사문화의 지대한 영향을 받을 것으로 예상할 수 있다. 물론, 군사문화가 조직의 성장에 기여하기 어렵다면 기업가는 조직문화에서 군사문화적 속성을 제거하기 위해 노력해야 하겠으나, 전술한 것과 같이 군사문화는 조직효과성 증진에 기여할 것으로 예상되기 때문에 그러한 가능성은 타당하다고 보기 어렵다. 또한, 이는 군사문화의 영향으로 북한 비공식 기업의 조직문화가 강화될 수 있다는 주장과는 구분되어야 할 것이다. 대신, 오히려 북한 비공식 기업의 조직문화 자체가 군사문화로 대체되거나 흡수되었을 것이란 예상이 더욱 합당할 것이다.

4. 실증 분석: 수용되지 않는 군사문화

본 연구는 '북한의 비공식 기업은 생산성 향상 전략의 일환으로, 조직구조와 조직문화의 제약을 보완하기 위해 군사문화를 조직문화의 일부로 수용하고 있다'는 가설을 실증하고자 비공식 경제 참여 경험이 있는 북한이탈주민을 대상으로 비대면 인터뷰를 진행했다. 본 연구가 인터뷰 형식의 실증 방법을 선택한 데는 다음 사항들이 고려되었다. 첫째, 북한 비공식 기업과 그 조직구성원에 대한 직접적인 접근이 불가능한 상황에서, 비공식 경제 참여 경험이 있는 북한이탈주민을 대상으로 실시한 인터뷰는 비공식 기업 내 군사문화의 실제를 확인하는 가장 현실적이고 타당한 대안으로 판단된다. 북한은 그 자체로 폐쇄적인 국가 운영 방식을 가지고 있으며, 비공식 기업은 특유의 음성적인 운영 방식을 가지고 있기 때문에 그것의 내부 환경을 직접 관찰하기란 사실상 어렵다. 이에 대한 대안으로서 기존 연구가 진행한 인터뷰 등을 활용하는 방법을 고려해 보았으나, 대부분의 연구가 기업의 사업 운영 방식에 초점을 맞추고 있어 기업 내부의 조직구조나 조직문화에 관한 충분한 정보를 획득하는 데는 적절하지 않았다. 둘째, 기업의 일반적인 조직효과성 증진 노력과 군사문화를 활용한 조직효과성 증진 노력을 구분하기 위해서는 심도 있는 접근이 필요했다. 조직효과성 증진 노력은 일반적인 기업 활동 차원에서도 실행되고 있다. 따라서 조직효과성 증진에 기여하는 특정한 조직 내 현상이 실제로 군사문화의 영향으로부터 기인하고 있는지 여부를 구분하기 위해서는 상황에 대한 구체적인 묘사가 필요하다고 판단했다.

인터뷰에 참여한 북한이탈주민들은 1990년대부터 2010년대 사이 북한 비공식 경제 영역에서 활동했던 경험을 보유하고 있다. 이 시기는 북한 비공식 경제가 본격적으로 확산되기 시작한 1990년대 고난의 행군 시기부터, 비교적 성숙 단계에 접어든 최근의 비공식 경제 환경까지를 포괄한다. 주요활동지는 함경북도와 양강도가 전체 인터뷰 참여자의 81%(21명 가운데 17명)를 차지했으며, 그 외 함경남도, 평안남·북도, 평양이 뒤를 이었다. 이들이 주로 활동했던 곳은 접경지에 집중되었다는 점이 두드러진다. 대상품목은 광물, 농·수산물, 특용작물, 가공품, 공산품, 수출·입품, 의약품 등이 주를 이루었으며, 담당역할은 생산, 유통, 판매, 도·소매, 중개, 밀매 등 다양했다.

1) 북한 비공식 기업의 군사문화 수용 실태 분석

본 절에서는 북한 비공식 기업의 군사문화 수용 실태를 분석한다. 군사문화의 수용 여부는 비공식 기업 내에서 군사문화의 일반적 특징이 나타나는지 여부를 판단 기준으로 삼는다. 다만, 집단적 성격,

통일성과 획일성, 조직목적의 절대성, 위계성, 규범 강조 등 기존에 제시한 군사문화의 일반적인 특징은 서로 유사한 부분이 많아 분류 기준에 적합하지 않다고 판단하여 여기에서는 이를 '집단 우선주의', '위계적 구조', '규범 강조' 등 세 가지 특징으로 분류하고 분석에 적용한다. 더불어 분석에서는 '군사적 요소의 사용(군사적 규율이나 규칙, 용어사용, 행동방식)'의 동반 여부도 주요하게 고려한다. 이는 각 특징이 일반적인 조직효과성 증진 노력과 군사문화 중 무엇으로부터 영향을 받고 있는지 확인하기 위함이다.

(1) 집단 우선주의

군사문화의 첫번째 특징인 집단 우선주의는 개인보다 집단의 이익과 목적을 우선시하는 가치관을 의미한다. 이는 군대 조직에서 구성원의 개성을 억제하고, 집단의 규율과 목표에 따라 행동하도록 만드는 특성이 반영된 결과이다. 이러한 집단 우선주의는 기업 조직에서도 구성원 간의 단합과 결속을 강화하여 조직 효과성을 높이는 데 긍정적으로 작용할 수 있다.

인터뷰 결과에 따르면, 1990년대 초 국가 배급 체계의 중단으로 인해 개인의 비공식 기업 활동은 촉진되었으나, 이러한 활동이 조직화를 통해 기업 운영으로 발전하는 단계로 나아가지는 못한 것으로 보인다. 인터뷰 참여자는 조직구성의 필요성을 인지하지 못하고 있었으며, 대부분의 주민들 또한 사적 목적을 위해 조직을 구성한 경험이 부족했을 것으로 추측된다. 사회주의 체제에서 조직은 정부와 기관의 필요에 의해 구성되며, 조직구성에 필요한 공간·제도적 요소 역시 공공부문에 귀속되어 있다. 더구나 개인들의 사적인 조직 활동은 비법적인 것으로 간주되는 상황에서 개인이 조직을 구성한 경험이나, 그러한 경험을 통해 얻어지는 조직의 기능적 탁월함 등에 대한 깊은 이해가 부족한 것은 당연하다. 그렇기 때문에 주민들에게 있어 개인 형태의 비공식 기업 활동은 자연스럽게 느껴졌을 가능성이 크다.

> "장사부터 시작해서 내가 벌어서 내가 먹고… 누가 도와주고 뭐 그럴 형편이 못되요. 북한 같은 경우에 순전히 나라에서 주는 배급 가지고 살아가던 사람들이 대부분이었잖아요. 근데 그게 김일성이 딱 죽고 난 후부터 솔직히 멘붕이 오기 시작했지. 주던 배급 안주고 그러니까 개인주의 되었죠 뭐. (중략) 거기 공장 같은 거 있었지만은 공장이 뭐 잘 돌아가나요? 그러니까 그렇게 해서 멀리 어디 장사하러 간다든지 …(중략)… 근데 누구랑 같이 가도 개인이 본인이 알아서 자기가 챙겨서 같이 가는 경우는 있지, 이렇게 전체적으로 해서 하는 건 없어요. 거기는 개인주의에요."
> - 최L(보위대, 1997~1998년 수산물·가공품 생산, 판매, 유통)

한편, 이상의 인터뷰에서는 사회주의 체제에서 조직 정체성의 높은 취약성을 가지고 있을 것이란 추측도 해볼 수 있다. 인터뷰 참여자는 공장 가동이 원활하지 않자 주민들이 생계를 위해 개인 차원의 비공식 기업 활동을 시작했다고 답하고 있다. 이는 조직구성에 정부와 기관 등의 강제가 지배적인 영향력을 미치는 사회주의 체제에서 조직 참여를 유도할 경제적 유인(배급)이 소실될 경우 조직의 생존도 함께 위태로워 질 수 있음을 의미한다. 실상, 주민들의 조직적 생산활동 참여는 개인의 직무 만족이나 성취감과는 거리가 멀었기에 유일한 조직구성 동력이 사라진 상황에서 주민들이 조직으로서의 정체성을 유지할 가능성은 적었다.

> "(1994년 김일성이 죽고) 미공급이 시작되면서 암시장이 활성화되었는데 사실은 불법이에요. 암시장 관리하는 사람들도 받아먹고 하니까 그냥 이렇게 눈 감아주다 보니까 조금씩 커졌고, 그러다 보니까 암시장에서 장사하는게 직업이 아니기 때문에 직업적으로 여러 명이 모여서 이렇게 뭉쳐서 하자 이런게 아니고 …(중략)… 결국 혼자하죠."
> - 김C(주부, 2002~2004년 농산물 판매)

주민들이 조직 차원의 기업 활동에 참여하지 않은 데에는 적발과 처벌의 두려움도 중요하게 작용한 것으로 보인다. 주민들은 이미 비공식 기업 활동이 부패를 통해서만 허용되는 비법적인 활동이라는 사실을 인지하고 있었다. 그래서 주민들은 눈에 띄지 않는 방법으로 사업을 운영하고자 했고, 이러한 측면에서 적발 가능성을 높이는 조직적 기업 활동은 쉽게 고려하지 못했던 것으로 보인다. 더욱이, 비공식 기업 활동을 제외하고는 별다른 생계 유지 도구가 없는 상황에서, 주민들은 적발 가능성이 높을 것으로 예상되는 조직적 기업 활동 방식보다 이익은 적지만 비밀을 유지할 수 있는 개인 기업 방식을 선택하는 것이 합리적이라고 판단한 듯하다.

"동 이게 나라거이기 때문에 동을 팔아먹으면 나라를 팔아먹는 거라고 해서 무조건 총살 당하거든요. 근데 먹을게 없고 하니까 그걸 훔쳐가지고 팔아서 중국에 밀수를 하는데 잡히게 되면 우리는 완전히 죽는거죠."

- 박F(제철소 노동자, 1997~1999년 금속류 밀매)

(2) 위계적 구조

군사문화의 두번째 특징인 위계적 구조는 명확한 상하관계와 계급체계를 말한다. 이러한 위계적 구조에서는 각 계급이 정해진 권한과 책임을 가지기 때문에 명령 전달과 임무 수행의 효율성을 높여 조직이 일사불란하게 움직이도록 돕는다.

인터뷰 결과, 개인 기업 형태의 비공식 기업 운영이 만연한 상황에서 기업 내 위계적 구조는 찾아 보기 힘들었다. 일부 집단을 구성한 비공식 기업에서도 이는 마찬가지였다. 이들이 집단을 구성한 이유는 조직적인 노력을 통해 사업의 효율성과 효과성을 증진하는 데 있지 않았다. 대신에, 이들은 협업을 통해 개인에게 주어진 노동 강도를 얼마간 완화하는 등 단순한 목적에서 집단을 구성했다. 따라서 실상 이러한 집단화된 기업은 다수의 개인 기업으로 구성된 협력체에 불과했다.

"정해진 건 없고 서로서로 마음 맞는 사람들이 뭉쳐서 하는거죠. 국가가 하는게 아니고 개별적으로 하는거니까 뭐 그런게 없어요. 누구 책임이라는게 없고 우리끼리 알아서 그땐 그렇게 했어요."

- 장Q(건축설계사, 1995~2002년 가공품 생산·판매)

"여기서 말하는 다수와 함께 참여한다라는게 어떤 공동으로 뭔가 돈이나 이런 것들을 같이 투자해서 나누는 식이 아니에요.
- 민S(주부, 1991~2000년 공산품·의약품 도·소매)

"물동량이 무거우니까 혼자 들기 힘들기 때문에 같이 하는거죠. (중략)… 그냥 나 혼자 하루팔이 하루 품팔이에요. 하루 팔아서 다 하루 벌어서 하는 그런 식."
- 김C(주부, 2002~2004년 농산물 판매)

추가적으로, 비공식 기업이 가진 특징도 조직화된 기업의 성장을 저해하는 요소로 나타났다. 비공식 기업은 제도적 접근이 제한되기 때문에 조직을 구성하여 기업을 운영하면서 발생하는 이윤 배분과 같은 문제를 적절히 처리할 수 없었다. 또한 비공식 기업은 하루 단위로 사업이 운영되기 때문에 체계화된 운영을 전제하는 조직적 기업 운영 방식에 대한 선호는 떨어질 수 밖에 없었다.

"(공통투자를 하지 않은 이유는) 그건 합법적이지도 않고 그 다음에 경제적 (이윤) 차이가 너무 많이 나기 때문에 똑같이 합칠 수가 없죠."
- 민S(주부, 1991~2000년 공산품·의약품 도·소매)

"내일은 가격이 또 어떻게 변할지 모르니까 오늘 받은 물건은 그냥 오늘 다 해소해야 되요. 그래서 하루살이라는 거에요. (중략) 하루 안에 물품을 소화시키고 이래야 되요. 대개 암시장에서 제일 많이 유통되는건 식품이나 야채, 음식이잖아요. 가장 소비성이 많은거다보니까."
- 김B(의사, 1995~2003년 농산물 유통)

(3) 규범 강조

군사문화의 세번째 특징인 규범 강조는 조직 내 모든 구성원이 따라야 할 명확한 규칙과 기준을 의미한다. 군대 조직은 임무 수행의 효율성을 극대화하기 위해 엄격한 규율과 절차를 설정하며, 구성원들에게 이를 철저히 준수할 것을 요구한다. 이러한 규범은 구성원 간 단합을 강화하고, 긴급한 상황에서도 일관된 행동을 유도함으로써 조직의 안정성을 유지한다. 또한 규범 강조는 조직 내 혼란을 최소화하는 동시에 신속하고 정확한 대응을 가능하게 한다는 점에서 중요한 역할을 한다. 특히, 명확한 규칙은 구성원들이 역할과 책임을 분명히 이해하도록 하여 조직의 운영 효율성을 높이는 데 기여한다.

인터뷰 결과, 비공식 기업은 주로 개인 기업 형태로 운영되었다. 이렇다보니 조직 내에서 모든 구성원이 지켜야 할 명확한 규칙이나 기준을 설정할 필요성이 낮았으며, 실제로 이러한 규범도 거의 존재하지 않았던 것으로 확인된다. 이는 비공식 기업이 성문화되지 않고 비제도적, 비가시적이라는 특성을 지닌다는 점과도 일맥상통한다.

> "저는 철도에 있다 보니까 군대 같은 규율을 지켜라 했죠. 근데 개인장사할 때는 그런거 안 쓰죠."
> - 임U(철도승무원, 1997~2004년 광물 중개)

비공식 기업에서 활동한 이들은 주로 개인 기업 형태로 경제활동을 영위하며 생산·판매·도소매·유통·중개·밀매 등 모두 개인이 직접 담당하면서 다양한 품목을 취급했다. 일부 업종에서는 다수의 협력이 필요하거나 신뢰를 기반으로 가족 중심의 조직이 형성되어 동업하는 경우도 있었지만, 대다수는 개인 단위로 활동했다. 이러한 경향은 비공식 경제 내에서 개인 주도의 경제활동이 일반적임을 보여준다.

> "이게 법적인 보호가 없지 않나요. (중략)… 합법적으로 장사가 허락이 안되기 때문에 위에서 털기 시작하면 다 털어버리니까 그러니까 이거 합법적으로 못하게 되면 1인 기업으로 그냥 살살 하는거죠."
>
> - 김B(의사, 1995~2003년 농산물 유통)

뿐만 아니라, 북한의 비공식 경제는 법적 보호의 부재와 지속적인 규제의 위협 속에서 개인 단위 활동으로 제한될 수밖에 없는 현실도 주목할 필요가 있다. 이러한 환경에서 비공식 기업에 참여하는 주요 단위는 가족을 기반으로 한 동업 사례를 제외하면 대부분 개인에 국한된다. 이와 같은 특성을 고려할 때, 군사문화에서 강조되는 규범 준수와 집단 통제와 같은 특징은 비공식 기업 내에서 발현되기 어려운 요소임을 시사한다.

(4) 군사적 요소의 사용

인터뷰 참여자 전원 모두 본인이 비공식 기업에 참여할 당시에 조직 내에서 군사적 규율이나 규칙의 사용을 요구받은 적이 없다고 응답한 점은 주목할 만하다. 이는 비공식 기업에서 군사문화의 주요 요소인 규율 강조가 체계적으로 적용되지 않았다는 점을 시사한다.

인터뷰 참여자 21인 중에서 "비공식 시장 혹은 조직 내에서 군사적 규율이나 규칙, 용어사용, 행동방식을 요구받은 적이 있는가"라는 질문에 대해 경험을 가지고 있다고 응답한 이는 단 한 명도 없었다. 뿐만 아니라, 간접적인 경험 여부를 묻는 "비공식 시장 혹은 조직 내에서 군사적인 행동방식이나 언어를 사용하는 사람들을 목격한 경험이 있는가"라는 질문에서도 긍정적인 응답을 보인 경우는 전무했다. 오히려 이들은 일상생활의 공식 부문에서는 집단적인 각성이나 동원과 같은 상황에서 군사적 요소가 빈번히 활용되었음을 인정했지만, 비공식 경제 활동 과정에서는 이러한 군사적 요소가 사용된 사례를 직접 경험한 적이 없다고 답했다.

물론, 비공식 기업 내 군사적 요소를 경험해 본 적이 없다는 응답 결과는 인터뷰 참여자들이 비공식 기업에서 경험한 체계나 규율 등이 군사적 요소에 해당하는지 인식하지 못한 결과일 가능성도 고려해 볼 수 있다. 그러나 인터뷰 참여자 중에서 군복무 경험이 있는 이들도 마찬가지로 비공식 기업 내에서 군사적 요소가 활용되는 경우를 경험하지 못했다고 응답한 점에 비추어 볼 때, 그러한 가능성은 적다. 다음은 인터뷰 참여자가 일상생활에서 사용한 군사적 요소에 대해 응답한 내용을 정리한 것이다.

> "속도전은 애당초 이 공장 기업소 기둥에 붙어 있는 그거는 …
> (중략)… 정신적으로 각성시키고 무장시키는 용도라고 생각하시
> 면 되겠죠."
>
> - 김C(주부, 2002~2004년 농산물 판매)

"북한에서 그 전투라는 용어는요, 말 자체가 전투라는거예요. 그냥 모든 전심전력을 거기다 다 쏘아 총동원해서 뭘 해결해야 된다 이런 전투적인 메시지를 제시하는 거죠. 전투라고 하면 각성을 하죠. 육체적으로나 정신적으로나 각성하고 참석해야 된다는 의무성도 가지고요. 그 책임성, 의무성을 자연스럽게 전투라고 그래요."
- 김D(주부, 2006~2010년 특용작물 판매)

"당연히 당의 구호를 받들고 당에서 밀고 나가라면 밀고 나가고 …(중략)… 1개를 할 수밖에 없지만 10개를 하면 10개를 해야 하는 거죠."
- 장Q(건축 설계사, 1995~2002년 가공품 생산·판매)

이상 인터뷰 참여자가 군사적 요소를 묘사한 내용을 보면, 군복무 경험이 없는 이들의 경우에도 비공식 기업 내 군사적 요소와 그렇지 않은 요소를 구별할 수 있는 능력을 가지고 있음을 확인할 수 있다. 이러한 사실은 이들 역시 집단 우선주의, 위계적 구조, 규범 강조 등 본 연구가 설정한 군사문화의 특징과 그것이 구현되는 군사적 용어를 통합하여 군사적 요소를 구분할 수 있는 능력을 가지고 있음을 확인 가능하다.

종합해보면, 이상 21명의 북한이탈주민을 대상으로 진행한 인터뷰는 본 연구가 제시한 이론적 처방이 실제 북한 비공식 기업에서 전혀 적용되고 있지 않다는 사실을 보여준다. 즉, 검증 결과는 본 연구의 가설을 전혀 지지하지 않고 있는 것이다.

2) 북한 비공식 기업의 군사문화 수용 제한 원인

본 절에서는 북한이탈주민을 대상으로 실시한 인터뷰를 바탕으로, 북한 비공식 기업의 특징을 분석하고, 이를 통해 북한 비공식 기업의 조직문화 수용이 제한된 원인을 밝힌다. 북한 비공식 기업은 '독립적인 기업 운영', '단발성 거래', '접촉 및 정보 제한' 등 세 가지 특징을 보이고 있었다.

(1) 독립적인 기업 운영 방식

> "여러 사람을 상대하기 보다 내가 딱 믿는 사람하고 거래하는게 좋다 생각해가지고 …(중략)… 장사라는거 여러 명이 하는건 아니라고 생각했어요. 내 혼자서도 충분히 할 수 있는 거니까. (중략)… 돈과 관련되서는 상대방을 믿을 수가 없고 …(중략)… 일단 신뢰관계가 문제라고 생각해요. 그러니까 저는 사람마다 다 개개인 했지. 두 명이서 같이 하고 이런거는 안했어요."
> - 이T(주부, 1991~2009년 수산물·수입품·농산물 판매)

> "혼자니까 아무래도 좀 힘들지만은 같이 하다가 이게 들키는 날에는 하나가 잡히면 다 붙잡아요. 근데 제가 혼자하면 내 혼자 잡히면 되지 다른 사람 볼 일이 없죠. 그 비밀은 지킬 수 있죠. 거기는 한 명이 잡히면 같이 하다가 다 잡혀 들어가거든요."
> - 한G(노동자, 2001~2011년 특용작물·금속류 밀매)

인터뷰 분석 결과, 북한의 비공식 경제에 참여한 주민들은 다수와의 협업보다는 독립적인 기업 운영 방식을 선호하는 경향이 뚜렷하게 나타났다. 이는 신뢰 관계의 부재 그리고 집단적 책임의 회피에 따른 제약에서 기인하며, 북한 비공식 기업의 조직문화가 군사문화를 수용하지 못한 주요 원인을 설명한다.

① 신뢰 관계의 부재

경제활동에서 신뢰 관계의 부재는 협업을 어렵게 만드는 주요 요인 가운데 하나이다. 인터뷰 참여자 이0T는 돈과 관련하여 상대방을 믿을 수 없다면서 거래 상대와의 신뢰 관계 부재를 강조했다. 이는 북한사회의 경제적 불확실성과 제도적 신뢰 기반 부재가 개별 경제활동의 선호를 부추겼음을 보여준다. 특히 비공식 경제는 공식적인 계약이나 법적 보호가 존재하지 않기 때문에, 신뢰 관계 형성에 실패할 경우 경제적 손실은 개인에게 고스란히 전가된다. 일반적으로 기업 내 군사문화가 지향하는 협력적 조직체계는 강한 신뢰와 명령체계를 기반으로 한다. 그러나 북한 비공식 기업에서는 신뢰의 부재가 협력적 활동의 어려움을 초래하여 군사문화적 특성이 적용될 여지가 없다.

② 집단적 책임의 회피

비공식 경제 활동은 본질적으로 불법적이기 때문에, 다수와의 협업은 단속에 적발될 경우 연루된 모든 이들에게 처벌이 확대되는 위험을 동반한다. 인터뷰 참여자 한G는 개인이 아닌 다수가 함께할 경우, 한 명이 잡히면 모두가 연루될 수 있다며 협업의 위험성을 지적했다. 이는 북한의 강력한 사회 통제 시스템이 군사문화적 특성을 적용하기 어렵게 만드는 구조적 환경을 보여준다. 일반적으로 기업 내 군사문화는 집단적 책임을 전제로 하지만, 북한의 비공식 기업에서는 이러한 집단 책임이 리스크를 증대시키는 결과로 나타난다. 이에 따라 개인은 위험을 최소화하기 위해 협업을 회피하고 독립적인 기업 운영 방식을 선택한 것으로 분석된다.

결론적으로, 북한 비공식 경제에서 독립적인 기업 운영 방식이 선호되는 이유는 신뢰 관계의 부재 그리고 집단적 책임의 회피에 따른 제약에서 비롯된다. 이러한 요인들은 북한 비공식 기업의 조직문화가 군사문화적 특성을 수용하지 못하게 만들며, 동시에 북한사회의 제도적 한계를 반영한다. 이는 비공식 경제가 군사문화의 집단성과 협력성을 대체할 수 없는 독립적이고 유연한 생존 전략을 채택할 수밖에 없음을 보여준다.

(2) 단발성 거래 방식

> "장마당에서 수시로 순찰을 했고요. 이 사람들이 안전부나 무슨 단속하는 사람들이 많이 다녔거든요. 그래서 이제 많이 뺏기기도 했어요. 근데 저는 이제 뒤에 봐주는 사람들이 있어가지고 뒤에서 보위부나 안전부나 이 사람들 다 끼고 했거든요. 그러니까 뺏는 척은 하지만 또 다시 다 돌려주기도 하고 …(중략)… 대신 뇌물을 많이 먹였죠."
>
> - 민S(주부, 1991~2000년 공산품·의약품 도·소매)

> "물품을 나르자면 또 청진 같은 데 가서 날아오기도 하고, 다른 데 가서 날아오기도 하고 그러거든요. 여기서 콩이랑 가지고 또 저기 강원도 가서 팔고 …(중략)… 여기로 또 들여오기도 하고 뭐 이렇게 해요."
>
> - 김B(의사, 1995~2003년 농산물 유통)

> "회령 곡산공장에서 노동자들이 퇴근할 때 조금씩 뭘 가지고 나와서 팔아요. 그걸 파는걸 제가 사가지고 다른 지역에다가 보내요. 지역에 따라 제가 수산물을 가져올 때도 있고 평안남도 평안북도 쪽은 주로 쌀. 그러니까 그 지역에서 가지고 올 수 있는 물품들을 수화물로 부치는거죠. 제가 살던 지역 함경북도 쪽으로는 쌀이 부족하니까 가져 와서 팔면 좀 떨어지죠."
> - 황J(주부, 1992~2004년 가공품 도·소매)

인터뷰 분석 결과, 북한 비공식 기업의 거래구조는 비연속적이고 단발적인 특성을 지니고 있으며, 이는 기업 내에서 군사문화를 수용하지 못한 주요 원인을 설명한다. 단발성 거래 방식 방식은 제도적 보호의 부재 그리고 개인의 안전보장과 생존전략과 긴밀히 연결되어 있으며, 참여자들이 생존과 수입을 위해 고도로 개인화된 전략을 채택하도록 이끌었다.

① 제도적 보호의 부재

비공식 경제는 공식적 보호나 계약 기반이 없는 상태에서 운영되기 때문에 장기적인 거래 관계를 구축하기 어렵다. 인터뷰 참여자 민S는 단속의 위험성을 피하기 위해 보위부와 안전부에 뇌물을 제공했지만, 이러한 방식은 뇌물을 제공할 자원이나 사회적 인맥이 부족한 주민들에게는 실행이 불가능하다. 이는 비공식 경제활동 참여자 간 차별적 환경을 조성하며, 지속적이고 안정적인 거래 관계의 형성을 저해한다. 즉, 군사문화에서 요구하는 집단적 협력 체계와 명확한 역할 분담이 북한 비공식 기업에서 확인되지 못하며 작동되기 어려움을 보여준다.

② 개인의 안전보장과 생존전략

북한 비공식 기업의 비연속적 거래구조는 단속 위험을 회피하고 개인의 안전을 보장하는 생존 전략으로 자리 잡았다. 인터뷰 참여자 김B는 다양한 지역에서 재화를 수송하고 판매하는 과정을 통해 거래의 단속 위험을 분산시켰다. 이는 거래가 지속적으로 이루어질 경우 단속의 표적이 될 가능성이 높아지기 때문에 단발성 거래는 체제 내부의 위험을 회피하는 데 효과적인 방식이다. 일반적으로 군사문화는 조직적이고 집단적인 방식으로 효율성을 극대화한다. 그러나 북한 비공식 기업에서는 단속과 처벌이라는 외부요인 때문에 이를 수용하기 어려운 구조적 환경이 존재한다.

결론적으로, 북한 비공식 기업의 비연속적이고 단발적인 거래구조는 제도적 보호의 부재 그리고 개인의 안전보장과 생존전략이 결합된 결과로 볼 수 있다. 이러한 구조는 군사문화가 요구하는 집단적 협력과 지속성을 적용하기 어려운 환경을 조성하며, 비공식 기업의 특성과 군사문화 간의 근본적인 불일치를 드러낸다. 이는 북한 비공식 기업의 조직문화와 거래 관행을 이해하는 데 중요한 통찰을 제공하며, 군사문화가 비공식 경제에 적용되지 못한 원인을 설명하는 데 핵심적인 시사점을 제시한다.

(3) 접촉 및 정보 제한

"(다른 지역에) 암호로 전보를 치는거죠. 그러면 (다른 지역에 있는) 얘가 '담배를 어느 날에 몇 개 보냈다는 소리구나' 알아듣고 거기서 받아서 팔고. 떨어진 비용에서 그걸 절반 나누지요 …(중략)… 그때는 장사를 통제할 때예요. 걸린적도 있고 그래가지고 저는 집 주변 사람들과 거래를 안해요."

- 황J(주부, 1992~2004년 가공품 도·소매)

"단속 걸리고 하다 보니까 …(중략)… 조용조용 조심해야 되거든요. 석유장사는 불법으로 쳐요. 그러니까 내 사는 곳에서 다른 곳으로 이동해서 파는거죠."

- 임U(철도승무원, 1997~2004년 광물 중개)

"고난의 행군 시기 이후에는 제가 중국 물품도 팔고 농산물도 팔고 했어요. 장사를 한다하면 사람들 시선이 좀 쏠리거든요. 그래서 제가 가림막을 해서 농사해가지고 농산물을 판거죠. 결국에 나를 가리기 위해서 (중국 물품 판매를 농산물 판매로 위장하기 위해서) 농사도 좀 짓고 그 다음에 농산물도 조금씩 파는 흉내도 내고 했죠. 내 안전 때문에 한거죠."

- 이T(주부, 1991~2009년 수산물·수입품·농산물 판매)

"직장을 다닐 때는 장사 못해요. 아침에 나갔다가 퇴근해야 되기 때문에 아무것도 할 수 없고 그때는 제가 이제 좀 휴가나 또 다른 핑계를 대가지고. 이제 예를 들어서 1년에 한 서너 번 이렇게 다른 지역으로 이동한다 할 때 이제 그때 제가 돈을 벌 수 있는 거였죠."

- 민S(주부, 1991~2000년 공산품·의약품 도·소매)

인터뷰 분석 결과, 북한 비공식 기업은 제한적인 상호 접촉과 정보 공유라는 특징을 보였다. 이는 정보의 은폐와 분산 그리고 위계적 협력 체계의 부재에서 기인하며, 북한 비공식 기업의 조직문화가 군사문화를 수용하지 못한 주요 원인을 설명한다. 군사문화는 명확한 명령체계와 정보 공유를 기반으로 한 집단적 협력을 강조하지만, 북한 비공식 기업은 생존을 위해 이러한 특성을 수용하기 어려운 환경적 제약 속에서 운영되고 있었다.

① 정보의 은폐와 분산

북한 비공식 기업은 정보 노출 자체를 생존에 대한 위협으로 간주한다. 이러한 이유에서 타자와의 정보 공유는 더욱 철저히 제한적이고 암묵적으로 이루어진다. 인터뷰 참여자 황J는 암호화된 전보를 통해 물품의 종류와 일정을 전달하며 거래를 진행했다고 언급하며, 정보 노출을 방지하기 위한 고도의 조정 과정을 보여주었다. 이는 비공식 기업이 단속의 위험 속에서 생존하려면 정보의 은폐와 분산이 필수적임을 시사한다. 일반적으로 군사문화는 명확한 정보 전달과 내부자간 투명한 의사소통을 조직 운영의 기반으로 삼는다. 그러나 북한 비공식 기업 내에서는 정보 노출이 곧 조직 전체의 생존을 위협할 수 있는 문제로 직결된다. 따라서 정보의 제한적 공유는 군사문화적 요소를 적용하는데 본질적인 제약이 된다.

② 위계적 협력 체계의 부재

일반적으로 군사문화는 위계적인 명령 체계와 집단적 역할 분담을 통해 조직의 효율성과 통제력을 극대화한다. 그러나 북한 비공식 기업은 생존을 위해 집단적 활동과 단결보다는 개별적이고 분산된 활동을 선호한다. 인터뷰 참여자 이T는 자신의 경제활동을 농산물 판매로 위장하여 개인적인 생존을 도모했다고 언급하며, 조직 내 협력이 아닌 비공식 기업 활동의 비밀을 유지하고 상황 변화에 대응하기 위한 유연성 유지가 우선시됨을 보여주었다. 이는 북한 비공식 기업 내에서 군사문화가 요구하는 위계적 협력이 비효율적이고 부적합한 방식임을 나타낸다.

결론적으로, 북한 비공식 경제에서 접촉 및 정보 제한이 발생하는 이유는 정보의 은폐와 분산 그리고 위계적 협력 체계의 부재에서 비롯된다. 이는 군사문화가 강조하는 집단적 협력을 북한 비공식 기업의 조직문화에 접목하기 어렵게 만드는 핵심요인으로 작용한다. 따라서 북한 비공식 경제의 특성과 한계를 분명히 보여주며, 향후 북한 사회의 조직문화와 경제 행태를 이해하고 분석할 때 고려해야 할 중요한 함의를 제공한다.

5. 북한 군사문화의 한계와 시사점

본 연구는 비공식 기업 활동이 북한 군사문화의 강도에 미칠 영향을 분석하고자 했다. 구체적으로, 본 연구는 북한 비공식 기업의 입장에서 군사문화를 조직문화로 도입하는 것이 생산성 향상을 위한 합리적인 처방임을 조직문화 이론의 시각에서 주장하고, 비공식 기업 활동 경험을 가진 북한이탈주민을 대상으로 실시한 인터뷰를 통해 이러한 가설을 검증했다.

인터뷰 결과는 본 연구의 가설과 판이한 차이를 보였다. 인터뷰 참여자들은 군사문화의 특징인 '집단 우선주의', '위계적 구조', '규범 강조' 그리고 '군사적 요소의 사용' 등 모든 면에서 부정적인 응답을 제시했다. 즉, 북한 비공식 기업은 군사문화가 생산성 향상에 기여할 수 있음에도 불구하고, 이를 수용하고 있지 않다는 것이다. 나아가 국가문화가 조직 하위문화에 지대한 영향을 미친다는 점을 상기할 때, 북한의 비공식 기업활동 속에서 군사적 요소를 발견할 수 없다는 사실은 군사문화의 수용을 방지하기 위한 기업 자체의 노력이 존재할 가능성도 염두케 한다.

인터뷰 내용을 바탕으로 분석한 군사문화 수용 제한 원인은 다음과 같다. 군사문화 수용 제한은 독립적인 기업 운영, 단발성 거래, 접촉 및 정보 제한 등 북한 비공식 기업의 특징으로부터 기인하며, 이는 공통적으로 북한사회의 강력한 감시와 처벌에 대한 두려움에서 비롯하고 있다. 이러한 두려움은 비공식 경제 참여자들로 하여금 집단적이고 지속적인 형태의 협력보다는 개인의 생존을 우선시하는 방식을 선택하게 만들며, 결과적으로 신뢰 관계 형성과 조직적 협력 체계를 구축하는 데 장애로 작용한다. 더 나아가, 이러한 특징은 북한사회 전반에 만연한 사회적 신뢰 부족에서 기인한다. 제도적 보호의 부재와 국가의 강압적 통제는 개인 간 신뢰를 약화시키고, 협력보다는 개인화된 전략을 통해 생존을 도모하도록 만든다. 이는 비공식 기업이 집단적이고 위계적인 군사문화의 특성을 받아들이지 못하고, 독립적이고 자율적인 생존 전략에 의존하는 구조적 환경을 형성하는 데 영향을 미친다.

이상 연구 결과는 두 가지 함의를 제공한다. 첫째, 비공식 기업활동의 확대가 북한사회의 군사문화를 강화할 가능성은 낮다. 한국·

일본·싱가폴 등의 국가에서 기업들이 조직 생산성 확대를 위해 군사문화를 적극 수용한 것과 달리, 북한 비공식 기업은 생존을 위해 군사문화의 수용을 구조적으로 또 의도적으로 방지하고 있었다. 둘째, 비공식 기업의 운영 방식, 조직구성, 생산성에 대한 이론적 논의에서 공공·사적 감시 수준, 처벌 수준, 사회 내 신뢰도 등 변수의 영향에 대한 고려가 필요하다. 다른 나라의 비공식 기업의 경우, 일반적으로 이윤 창출을 위해 주변 이웃, 지인 등으로 구성된 비공식 네트워크를 적극 활용하는 모습을 보인다. 그러나 대다수의 북한이탈주민 인터뷰 참여자들은 이를 일종의 감시 네트워크로 인식하고 이들을 피해 지역을 이동해 사업을 운영하고 있었다.

본 연구는 다음과 같은 내용을 시사한다. 첫째, 비공식 경제 확대가 북한사회 변화에 미치는 영향에 대한 분석에는 보다 조심스러운 접근이 요구된다. 일부 연구는 비공식 경제의 확대를 북한주민의 사회 일탈적 활동 증가와 연결하고, 다시 이를 북한주민의 인식 변화, 심지어는 체제 변화 가능성으로 확장하여 논하기도 한다. 본 연구는 비교적 긴밀한 이론적 논의와 북한사회의 특수성을 고려하여 높은 개연성을 가진 잠정적 결과를 제시했으나, 실증 결과는 연구의 예상을 전혀 뒷받침하지 못했다. 이는 기본적으로 북한사회의 특징적인 요소가 야기하는 영향의 강도를 과소평가하고, 그것과 다른 요소 사이의 상호작용을 충분히 고려하지 못한 결과였다. 물론, 이는 연구대상에 대한 직접적인 접근이 제한된 북한 연구에서 필연적으로 나타나는 한계로 이해할 수 있지만, 그럼에도 불구하고 여전히 신중하고 조심스러운 접근이 요구된다 하겠다. 둘째, 본 연구 결과는 북한 대상의 기능주의적 접근 방법의 효과성에 대한 검토 필요성을 제기한다. 기능주의적 접근 방식은 비정치적 교류에 기반한 지역 통합 이론이다. 이러한 접근 방식은 비정치교류 확대가 지역 주민 간 사회심리적 통합을 증진할 수 있다고 이해한다. 그러나 본 연구는 북한사회의 높은 수준의 감시와 통제 속에서 주민 개개인의 일탈은 집단적 혹은 조직적인 일탈로 쉽게 발전하기 어렵다는 것을 보여준다. 따라서 기능주의적 접근의 세부적인 경로는 다양할 수 있고, 북한의 특수성도 고려 되었을 것이나, 기능주의적 접근이 주장하는 사회심리적 통합 기능이 기대만큼의 효과를 보일 수 있을 지에 대해서는 충분한 검토가 필요하다.

  동시에 본 연구는 다음과 같은 한계를 가지고 있다. 첫째, 실증 결과를 일반화하기에 충분한 규모의 인터뷰 참여자를 확보하지 못했다. 물론, 인터뷰 과정에서 참여자들의 비공식 기업 내 군사문화에 대한 일관적인 진술이 있었으나, 이는 여전히 절대적 참여자 수의 한계 속에서 일반화 가능한 수준의 사실로서의 타당성을 충분히 확보하는 데 한계를 보였다. 더불어 이러한 한계는 표본의 다양성을 확보하고, 그에 따라 연구 결과의 세분화되고심화된 논의를 어렵게 하고 있다. 후속 연구에서는 표본 규모의 확충과 인터뷰 설계의 체계적 보완을 통해 연구 결과의 일반성을 강화하기 위한 노력이 경주되어야 할 것이다. 둘째, 비공식 기업 내 조직문화에 관한 기존 연구와의 이론적 소통이 부족하다. 전술한 것과 같이, 음성적 운영 방식의 특징으로 인해 비공식 기업 내부 환경에 대한 연구는 부족한 실정이다. 이는 본 연구가 확인한 북한 비공식 기업의 특징이 다른 국가 혹은 일반적인 비공식 기업의 조직문화적 특징과의 차별성을 평가하기 어렵게 만든다. 최근 비공식 기업 내부 환경에 대한 탐구 노력이 시작되고 있는 바, 향후 생산된 지식과의 비교 연구를 통해 부족한 이론적 논의와 그 함의를 보완해야 할 것이다.

참고문헌

1. 국문 단행본 및 국문 논문

김학재 외. 『북한사회변동 2020』. 서울: 서울대학교 통일평화연구원, 2021.
이덕로·이종찬. "조직문화 구성형태에 따른 조직구조의 차이분석." 『대한경영학회지』. 제19호 (1998), pp. 231~248.
정은찬. "북한의 시장화와 주민 의식변화 반사회주의 통제를 위한 법규범." 『북한법연구』. 제25권 (2021), pp. 111~150.
주효진. "조직구조. 조직문화 및 조직 효과성의 관계에 관한 연구: 업무특성별 기관분류를 중심으로." 『행정논총』. 제42권 2호 (2004), pp. 29~53.
최용환·김소연. "북한의 시장화와 국가성격 변화." 『현대북한연구』. 제20권 3호 (2017), pp. 7~52.
최윤형. "비공식 기업의 경쟁 압력이 기업의 뇌물 행위에 미치는 영향." 한양대학교 석사학위논문 (2021).

2. 영문 단행본 및 영문 논문

Abane, J. A. et al. "The Determinants of Performance Management Outcomes in Public Organizations in Sub-Saharan Africa: the Role of National Culture and Organizational Subcultures" *Public Organization Review,* vol. 20, no. 3 (2020), pp. 511~527.
Amin, M. et al. "Casting a shadow: Productivity of formal firms and informality" *Review of Development Economics*, vol. 24, no. 4 (2020), pp. 1610~1630.

Becker, G. S. *Human Capital: A Theoretical and Empirical Analysis, with Special Reference to Education.* Chicago: University of Chicago Press, 1964.

Benjamin, N. et al. "The Informal Sector, Productivity, and Enforcement in West Africa: a Firm-Level Analysis" *Review of Development Economics*, vol. 16, no. 4 (2012), pp. 664~680.

Boisnier, A. et al. "The Role of Subcultures in Agile Organizations" in R. S. Peterson and E. A. Mannix (eds.). *Leading and Managing People in the Dynamic Organization.* Mahwah. NJ: Lawrence Erlbaum Associates Publishers, 2003.

Brown, A. "Managing Challenges in Sustaining Business Excellence" *International Journal of Quality & Reliability Management*, vol. 30, no. 4 (2013), pp. 461~475.

Brynjolfsson, E. et al. *The Second Machine Age: Work, Progress, and Prosperity in a Time of Brilliant Technologies.* New York: W.W. Norton & Company, 2016.

Cameron, K. S. et al. *Diagnosing and Changing Organizational Culture: Based on the Competing Values Framework* (3rd ed.). San Francisco. CA: Jossey-Bass, 2011.

Childress, J. R. *Leverage: The CEO's Guide to Corporate Culture.* London: Principia Associates, 2013.

Denison, D. R. *Corporate Culture and Organizational Effectiveness.* New York: John Wiley, 1990.

Denison, D. R. et al. "Toward a Theory of Organizational Culture and Effectiveness" *Organization Science*, vol. 6, no. 2 (1995), pp. 204~223.

De Soto, H. *The Other Path: The Economic Answer to Terrorism.* London: Harper Collins, 1989.

Eaton, D. et al. "Does Your Organizational Culture Support Your Business Strategy" *Journal for Quality and Participation*, vol. 37, no. 4 (2015), pp. 4~7.

Farazi, S. "Informal Firms and Financial Inclusion: Status and Determinants" *Journal of International Commerce, Economics and Policy*, vol. 5, no. 3 (2014), pp. 1~28.

Flamholtz, E. et al. *Corporate Culture: The Ultimate Strategic Asset*. Stanford. CA: Stanford University Press, 2011.

Floridi, A. et al. "Shedding Light on the Shadows of Informality: a Meta-analysis of Formalization Interventions Targeted at Informal Firms" *Labour Economics*, vol. 67 (2020), 101925.

Gordon, G. G. et al. "Predicting Corporate Performance from Organizational Culture" *Journal of Management Studies*, vol. 29, no. 6 (1992), pp. 783~798.

Haarman, A. et al. "Understanding the Firm in the Informal Economy: A Research Agenda" *European Journal of Development Research*, vol. 34, no. 5 (2022), pp. 3005~3025.

Hobsbawm, E. *Age of Extremes: The Short Twentieth Century, 1914-1991*. London: Abacus, 1995.

Hofstede, G. *Culture's Consequences: International Differences in Work-Related Values*. Beverly Hills, Calif.: Sage Publications, 1980.

Hofstede, G. "Identifying Organizational Subcultures: an Empirical Approach" *Journal of Management Studies*, vol. 35, no. 1 (1998), pp. 1~12.

Hofstede, G. et al. *Cultures and Organizations: Software of the Mind* (3rd ed.). New York: McGraw Hill, 2010.

Idehen, V. A. et al. "Impact of Informal Organization Culture on Firm Performance in Nigeria" *International Journal of Intellectual Discourse*, vol. 7, no. 2 (2024), pp. 196~206.

Judeh, M. "Role Ambiguity and Role Conflict as Mediators of the Relationship Between Socialization and Organizational Commitment" *International Business Research*, vol. 4, no. 3 (2011), pp. 171~181.

Kast, F. E. et al. *Contingency Views of Organization and Management*. Chicago, IL: Science Research Associates, 1973.

Kotter, J. P. *Leading Change*. Boston: Harvard Business School Press, 1996.

Kotter, J. P. et al. *Corporate Culture and Performance*. New York: Free Press, 1992.

Krasniqi, A. "Tax Administration and Commercial Banks as Specific Factors of Informal Economy in Kosovo" *Journal of Advanced Research in Law and Economics*, vol. 7, no. 8 (2016), pp. 2062~2067.

Lee, Chuan-Kai et al. "Institutional Entrepreneurship in the Informal Economy: China's Shan-Zhai Mobile Phones" *Strategic Entrepreneurship Journal*, vol. 8, no. 1 (2014), pp. 16~36.

Lewis, J. *Work-Family Balance, Gender and Policy*. Cheltenham. UK: Edward Elgar Publishing, 2010.

Lindholm, N. "National Culture and Performance Management in MNC Subsidiaries" *International Studies of Management & Organization*, vol. 29, no. 4 (1999), pp. 45~66.

Mamatha S. V. et al. "Founder Leaders and Organization Culture: A Comparative Study on Indian and American Founder Leaders Based on Schein's Model of Organizational Culture" *IIM Kozhikode Society & Management Review*, vol. 9, no. 1 (2020), pp. 23~33.

Martin, J. *Organizational Culture: Mapping the Terrain*. CA: Sage Publications, 2002.

Michaels, R. E. et al. "Influence of Formalization on the Organizational Commitment and Work Alienation of Salespeople and Industrial Buyers" *Journal of Marketing Research*, vol. 25, no. 4 (1988), pp. 376~383.

OECD/ILO. *Tackling Vulnerability in the Informal Economy*. Paris: OECD Publishing, 2019.

Ohnsorge, F. et al. *The Long Shadow of Informality: Challenges and Policies*. Washington. DC: World Bank Group, 2022.

O'Reilly, C. et al. "Culture as Social Control: Corporations, Cults, and Commitment" *Research in Organizational Behavior*, vol. 18 (1996), pp. 157~200.

Ouchi, W. G. "Markets, Bureaucracies, and Clans" *Administrative Science Quarterly*, vol. 25, no. 1 (1980), pp. 129~141.

Perry G. et al. *Informality: Exit or Exclusion*. Washington, DC: The World Bank, 2007.

Powell, G. N. et al. "Toward Culture-sensitive Theories of the Work-Family Interface" *Journal of Organizational Behavior*, vol. 30, no. 5 (2009), pp. 597~616.

Roelofsen, P. "The Impact of Office Environments on Employee Performance: The Design of the Workplace as a Strategy for Productivity Enhancement" *Journal of Facilities Management*, vol. 1, no. 3 (2002), pp. 247~264.

Saraiva G. O. et al. "Turnaround, Decline, and Strategic Posture of SME: Empirical Evidence" *Journal of the Knowledge Economy*, vol. 15 (2024), pp. 17972~18002.

Schein, E. H. "Coming to a New Awareness of Organizational Culture" *Sloan Management Review*, vol. 25, no.2 (1984), pp. 3~16.

Schein, E. H. *Organizational Culture and Leadership* (4th ed.). San Francisco. CA: Jossey-Bass, 2010.

Snir, R. et al. "Cross-Cultural Differences Concerning Heavy Work Investment" *Cross-Cultural Research*, vol. 43, no. 4 (2009), pp. 309~319.

Solow, R. M. "Technical Change and the Aggregate Production Function" *The Review of Economics and Statistics*, vol. 39, no. 3 (1957), pp. 312~320.

3. 기타 자료

김동엽. "북한 군사문화 기원의 재구성." 『한반도포커스』, 제37호 (2016), pp. 39~47.

Gelb, A. et al. "To Formalize or Not to Formalize? Comparisons of Microenterprise Data from Southern and East Africa" Center For Global Development(Working Paper), July 2009.

Husenicova, L. "North Korean Strategic Culture: Survival and Security" *Scientific Bulletin*, vol. 23, no. 1 (2018), pp. 26~35.

Porter, M. E. "The Competitive Advantage of Nations" Harvard Business Review, March-April 1990.

"Understanding Military Culture in Singapore: An Overview." Total Military Insight, June 30, 2024; ⟨https://totalmilitaryinsight.com/military-culture-in-singapore/⟩ (2024년 10월 28일 검색)

제5장

북한 주민의 일상 속 감정 세계*
사상감정 경험을 중심으로

안 종 숙

1. 이해하기 힘든 한국 사람의 복잡한 감정 세계

　북한을 떠나 한국에 들어온 북한이탈주민은 입국 후 조사기관에서 신원에 대한 조사를 받는다. 조사를 마치고 나면 이들은 하나원에서 6개월간 한국 정착 생활을 위한 교육을 받는다. 북한이탈주민 강영주(가명)도 신원조사를 마친 후 하나원에서 정착 교육을 받았다.

　하나원에서 받은 여러 교육과정 중 강영주에게 어려웠던 것은 심리상담 시간이었다. 3시간 정도 진행되었던 그 시간에 강사 선생님은 마음속 울분이나 서러움, 분노 같은 것이 있으면 말하라고, 쏟아

---

* 이 글은 "북한 주민의 감정사회화 경험 연구: 사상감정의 수용과 결과를 중심으로," 『통일과 평화』, 16집 3호 (2024) 원고를 기초로 다시 보완하여 정리한 것입니다.

놓으라고 하는데 선생님이 말하는 그 감정들이 강영주로서는 무엇을 말하는 건지 알 수 없었다. 북한에서 그런 개인적인 감정들에 대해 들어본 적도 없었고 중요하다고 생각한 적도 없었기 때문이다. 그 이후로도 한국에서 생활하며 강영주가 이해하기 힘들었던 것 중 하나는 한국 사람들의 복잡한 감정 세계였다.

> "가끔 한국 분들 하고 대화를 하다 보면 막 이런저런 감정 얘기를 너무 많이 하셨어요. 그러면 왜 그런 감정을 가지지?… 저희랑은… 감정이 뭐랄까 간단하고 몇 가지가 없었어요.… 여기에는 무슨 감정 그런 게 너무 많아 가지고…."

북한이탈주민 모두 강영주와 같은 감정 경험을 하는 건 아닐 것이다. 그럼에도 북한에서 살았던 강영주가 자신이 경험한 사적 감정이 복잡하지 않고 간단했다고 말하고 한국 사람들이 말하는 개인적인 감정을 이해하기 힘들었다고 하는 이유를 단지 개인의 차이로만 돌리기에는 그 이유가 충분하지 않았다. 더욱이 강영주가 30여 년 가까이 살다 온 북한이라는 통제사회를 생각할 때 더더욱 그랬다. 그렇다면 다른 무슨 이유라도 있는 걸까?

2. 권력의 통제 대상이 되는 감정

감정은 사회 내 구성원을 하나로 묶고 그 사회가 지향하는 방향으로 동원하는 에너지 역할을 한다. 동시에 한 사회의 구성원을 나누고 분열하게 만드는 기제로 작용하기도 한다.[1] 모든 정치 사회적 집단운동의 배경에는 그 집단 내 구성원이 공유하는 감정이 존재한다. 감정은 개인과 개인을 연결하며 모든 정치 사회적 행위를 위해서 특정한 감정의 공유가 전제되기 때문에 정치 체제는 감정에 관심을 갖는다.

한편, 한 사회를 구성하는 구성원은 불평등한 권력관계에 놓여 있다. 이때 권력과 지위를 가진 집단은 불평등한 권력관계를 지속시키기 위하여 특정한 감정 범주를 발달시켜 하위 구성원이 특정 감정에 순응하도록 한다.[2] "어떤 감정은 드러낼 수 있고 어떤 감정은 드러내지 말아야 하며 어떤 감정이 말해져야만 하는지" 권력관계가 핵심 역할을 한다는 것이다.[3] 이와 관련하여 Hutchison과 Bleiker는 감정 권력이라는 개념을 사용한다.[4] 감정 권력이 개인과 공동체가 어떤 것을 느껴야 하고 그에 따르는 감정 표현 정도의 적절성을 규정한다는 것이다.

특정한 감정 유형을 만들어 제시하고 이에 조응하도록 하는 감정 권력은 국가 차원의 정치권력에 의해 행사되기도 한다. 정치권력은

---

[1] 랜들 콜린스 저, 진수미 역, 『사회적 삶의 에너지: 상호작용 의례의 사슬』(파주: 한울, 2009), p. 154.
[2] Simmon Koschut, "Emotional (security) communities: the significance of emotion norms in inter-allied conflict management," *Review of International Studies,* vol. 40, no. 3 (2014), pp. 540~542.
[3] Lila Abu-Lughod and Catherine A. Lutz, "Introduction: emotion, discourse, and the politics of everyday life," in Catherine A. Lutz and Lila Abu-Lughod, eds., *Language and the politics of emotion* (New York: Cambridge University Press, 2008), p. 14.
[4] Emma Hutchison & Roland Bleiker, "Theorizing emotions in world politics," *International Theory,* vol. 6, no. 3 (2014), p. 508.

정치적 필요와 목적에 따라 어떤 종류의 감정은 고양하고 어떤 종류의 감정은 배제하므로 공동의 집단감정을 조형한다. 이를 통해 공동의 정치·사회적 행위를 지향하게 할 수 있기 때문이다. 이러한 감정의 특성으로 인해 "감정에 대해 말한다는 것은 사회에 대해 말하는 것이며 동시에… 권력에 대해 그리고 정치에 대해 말하는 것…"이기도 하다.5) 따라서 정치권력은 감정규범을 만들고, 권력을 행사하여 개별 행위자인 구성원이 특정 감정에 순응하게 함으로 감정을 조직할 수 있다. 그런 의미에서 감정은 정치권력의 통제 대상인 동시에 정치 행위의 대상이 된다고 하겠다.

3. 북한의 사상감정과 사상교양: 요람에서 무덤까지 이어지는 감정 교시

정치적 필요와 목적에 따라 공동의 집단감정을 조형하려는 정치권력의 정치 행위는 북한 당국에게서도 포착된다. 북한에서 감정은 "객관세계의 사물 현상에 대한 사람들의 태도를 반영하는 심리 현상"이라고 정의하면서6) 감정에 있어 중요한 것은 각 사람의 "계급적 성격"과 "사상의식"이며 이에 따라 사물 현상에 대해 다른 감정을 가진다고 북한 당국은 말한다.

---

5) Catherine A. Lutz, *Unnatural Emotions: Everyday Sentiments on a Micronesian Atoll and their Challenge to Western Theory* (Chicago: University of Chicago Press, 1988), p. 6.
6) 사회과학출판사 편, 『조선말대사전 1』 (평양: 사회과학출판사, 2017), p. 161.

예를 들어 혁명 투쟁 진두에 서 있는 근로 인민대중의 감정은 "수령에 대한 흠모감, 혁명하는 긍지감, 조국과 인민에 대한 사랑, 계급적 '원쑤'에 대한 증오심, 혁명적 동지애" 같은 "고상한 감정"이고 반동계급과 착취계급이 가지는 감정은 "재부에 대한 더러운 애착심, 인간증오, 낙망, 우울과 같은 소극적이며 저열한 감정"이라고 제시한다.7) 또한 주체사상을 가진 공산주의적 인간은 수령과 김정일의 "말씀"을 지켜서 일을 잘했을 때 기쁨과 만족을 느끼고 일을 잘하지 못해 그가 속한 집단의 요구를 충족시키지 못했을 때 수치감과 가책을 느낀다고 말한다. 반면 반동적인 사상을 가진 사람은 개인의 이기적인 욕망을 성취했을 때 기쁨과 만족을 느끼며 개인적 욕망을 이루지 못했을 때 불만과 불쾌감을 느낀다고 주장한다.8) 감정이 계급적 성격과 사상의식에 기초한다는 주장을 바탕으로 북한 주민들이 지향하고 지양해야 하는 감정을 대조적으로 제시하는 것이다. 이와 함께 북한 당국은 감정 발생 토대에 있어 "사상의식"의 중요성을 반복적으로 강조하며 사상감정이라는 개념을 제시한다.

> 주체사상은 사회적 존재로서의 인간의 본질을 밝힌데 기초하여 인간의 감정은 어디까지나 사상감정이라는 것을 밝히고 있다. 인간의 감정이 사상감정이라는 것은 그것이 인간의 본성적 요구인 자주적 요구를 담은 사상의식에 기초하여 발생하고 체험되는 감정이라는 것이다.……사상이 건전하고 고상하면 할수록 인간

---

7) 북한사회과학원 철학연구소, 『북한주체철학 철학사전』 (서울: 도서출판 힘, 1988), p. 17.
8) 리재순, "주체사상이 밝힌 인간 감정에 관한 리론," 『철학연구』, 제4호(1996), p. 35.

의 감정은 보다 고상하고 건전하고 풍만한 것으로 되며 사상이
　　불건전하면 감정은 저속하고 불건전한 것으로 된다.9)

　북한 당국은 사상의식이 감정 발생과 체험의 토대라면서 어떤 사상의식을 가지느냐에 따라 감정이 달라진다고 설명한다. 따라서 '인간의 자주적 요구를 반영한 사상의식인 주체사상'을 가질 때 발생하고 체험되는 감정이 사상감정이라고 주장한다. 그리고 주체사상에 기초한 사상감정으로 위대한 수령과 경애하는 김정일 동지를 향한 충성심과 흠모감, 긍지, 사회주의 조국과 조선 민족에 대한 사랑과 자부심, 집단과 혁명동지를 향한 사랑,10) 조국과 민족의 "원쑤"에 대한 증오심과 적대감11) 등을 제시한다. 또한 당에 대한 사상감정으로 수령을 향한 사상감정인 충성심과 흠모감, 긍지를 동일하게 제시한다. 앞서 주체의식을 가진 공산주의적 인간형인 근로 인민대중이 가진 고상한 감정을 사상감정이라는 개념 아래 강조하면서 북한 주민이 마땅히 가져야 하는 모범적이고 규범적인 감정으로 사상감정을 제시하고 있다. 북한 사회에서 사상감정은 어떤 것이 적절한 감정인지 알려준다는 점에서 이상적이며 동시에 사람들이 따라야 하는 감정이라는 점에서 규범적이라 하겠다. 다시 말해 사상감정은 북

---

9) 위의 논문.
10) 리승철, "조선 민족 제일주의 정신의 본질과 특징," 『철학연구』, 제1호(2000), pp. 43~45; 한달환, "위대한 수령 김일성 동지와 위대한 령도자 김정일 동지를 충성으로 높이 우러러 모시는 사상감정에 대한 주체적 리해," 『철학연구』, 제1호(1996), pp. 5~8; 허인숙, "사상감정의 역할," 『철학연구』, 제1호(1998), pp. 41~44.
11) 한광철, "원쑤들을 끝없이 증오하는 것은 혁명가가 지녀야 할 원칙적 태도," 『철학연구』, 제2호(2003), pp. 44~45.

한 주민들이 어떤 감정을 느끼고 어떤 감정을 표현해야 하는지 제시하는 일종의 감정 교시와 같은 것이다.

한편 북한 당국은 사회주의적 인간 개조의 본질이 사상개조에 있으며[12] 사회주의국가 발전 기반에 사상교양 사업이 선차적 과제라고 언급하면서[13] 전 주민을 상대로 반복적이고 지속적인 평생학습 성격을 갖는 사상교양을 실행하고 있다. 『사상교양에 대한 주체적 리론』에서는 사상교양이 인간 개조에 있어 결정적이라면서 사상교양을 통해 인간 내면세계를 이루는 사상의식, 지식, 감정이 변화를 갖는다고 주장한다. 그리고 사상교양을 통해 혁명적인 사상, 자주적인 사상의식을 소유하게 되면 "수령에 대한 흠모감, 혁명하는 긍지감, 조국과 인민에 대한 사랑, 계급적 원쑤에 대한 증오심, 혁명적 동지애, 집단주의적 감정 등" 혁명적이며 적극적인 고상한 감정을 갖는다고 설명한다.[14]

주목할 것은 북한 당국이 사상교양을 통해 강조하는 감정이 앞서 언급한 사상감정이라는 개념으로 북한 당국이 주민들에게 제시한 감정과 일치한다는 점이다. 북한 당국이 전 주민을 대상으로 반복적으로 시행하는 사상교양의 목표 중 하나가 사상감정에서 제시하는 모범적이고 규범적인 감정을 갖게 하려는 것임을 알 수 있다. 사상교양을 통해 북한 당국이 목표로 하는 것이 사상의 변화만이 아니라

---

[12] 장운빈, 『조선 사회과학 학술집 223 철학편: 위대한 주체사상 총서 6』 (평양: 사회과학출판사, 2010), p. 143.
[13] 전태성, 『사상교양에 대한 주체적 리론』 (평양: 사회과학출판사, 1991), p. 3.
[14] 위의 책, pp. 76~77.

감정의 변화 다시 말해 특정한 감정을 조형하려 한다는 사실을 알 수 있다. 따라서 북한 주민은 전 생애에 걸쳐 사상교양을 통해 자신들이 가져야 하는 모범적인 공적 감정과 배제해야 하는 감정을 외부로부터 폐쇄된 환경에서 반복적으로 주입받으며 지속적으로 영향을 받는다고 하겠다.

4. 북한 주민의 감정 세계: 사적 감정의 미분화와 탈구

그렇다면 '요람에서 무덤까지'라고 해도 과하지 않을 만큼 전 생애에 걸쳐 사상교양을 통해 사상감정이라는 '공적이고 이상적이며 규범적인 감정'에 노출되어 영향을 받는 북한 주민의 감정은 어떤 양상을 보일까? 연구를 위해 만나 본 몇몇 북한이탈주민의 이야기를 들어보자.

먼저 앞서 언급한 강영주의 이야기다. 북한에 살 때 강영주는 학교에서 내주는 과제를 누구보다 잘해가는 학생이었다. 학교 과제를 잘해가면 충성심 높다는 인정을 받았고 강영주에게는 그것이 자부심이었다.

그러나 고난의 행군 이후 강영주는 이전과 달리 학교 과제를 제대로 할 수 있는 형편이 아니었다. 어머니는 아프고 매번 끼니 걱정에 학교 출석도 쉽지 않던 시절이었다. 강영주는 생활총화 시간, 자기 스스로에 대해 비판해야 했고 그럴 때면 죄책감이 들었다. 학교 과제는 늘 충성심과 연결되었기 때문에 강영주는 자신이 충성하지 않는 나쁜 아이가 된 것 같았기 때문이다.

> 이때까지는 잘 나가다가 한 번도 안 내본 적이 없고 더 내면 더 냈지. 안 내본 적이 없잖아. 그러던 상황에 그렇게 되니까 나 진짜 당연히 충실하지 않나 이런 느낌 나 나쁜 아인가 이런 느낌 진짜 나쁜 사람인 것 같은 죄책감 같은 게 처음에는 진짜 무지하게 들었어요.

하지만 강영주는 다른 학생들 앞에서 자신을 비판할 때 부끄러움이나 수치심을 느끼지는 않았다. 다만 예전에 학교 과제를 잘해 가면서 자신이 충성심이 높다는 자부심이 있었던 자리에 충성하지 못하고 있다는 죄책감이 대신 들어섰다.

> 수치감 부끄러움? 저는 별로 그런 걸 못 느껴가지구… 우리는 참 그러니까 뭐랄까 충성심 하나 그런 죄책감 같은 그러니까… 수령에 대한 충성심 같은 거를 안 하면 안 되는 무의식 이런 게 있었지, 부끄러움이나 수치감 이런 거는 별로…감정이 우리는 딱 그 간단명료했던 것 같아요.…… 죄책감 그다음에 미안함 같은 건 조금 있었고 근데 미안함도 저는 엄마나 아빠한테는 좀 느껴보고 친구라든가 인간관계에서 미안함 같은 거 별로 못 느꼈고 고마움도 무슨 엄마 아버지가 나를 이렇게 키워주고 이렇게 해줘서 고마운 그런 마음 같은 거는 좀 느꼈지. 다른 누군가 한테 고맙다는 그런 거를 못 느낀 것 같아…밖에 있는 사람들한테는 그 사람들하고 나는 그냥 일대일 그런 수평인 사람들이어 가지고 내가 남한테 이만큼 해주니까 너는 이만큼 나한테 무조건 해줘, 이렇게 일대일 왔다 갔다 하다나니까 고맙고, 감사한 마음이 진짜 들었던 것 같지는 않고….

강영주는 당과 수령이라는 수직적 관계에 대해 갖는 감정인 죄책감은 느꼈던 반면 학생들과 관계에서 갖는 수평적 감정인 수치심은 느끼지 않았다. 북한에서 겪었던 감정도 강영주는 당과 수령에 대하여 갖는 공적이며 수직적 감정인 충성심, 죄책감이 중요했다고 언급하면서 사람들과의 관계에서 갖는 고마움, 미안함 같은 수평적 감정은 부모 외에는 느끼지 않았다고 말한다.

다음은 양강도 출신으로 충성심 높은 애국자 집안에서 태어나고 자란 김정순의 이야기다. 학교를 졸업하고 농장원으로 일하던 김정순의 집으로 어느 날 비보가 전해졌다. 평양에서 군사 복무하던 김정순의 바로 위 오빠가 사망했다는 소식과 함께 전사증이 집으로 보내져 왔다. 사망원인은 훈련 중 낙상으로 인한 것이었다. 얼굴도 잘생기고 노래도 잘하고 기타도 잘 치고 뭐 하나 빠지는 것 없던 너무 자랑스러운 오빠였다. 소식을 들은 부모님은 그 자리에서 쓰러졌다. 김정순도 정신없이 울기만 했다. 그래도 시간이 좀 지나 오빠가 나라를 위해 전사한 것이라고 생각하니 오빠가 오히려 자랑스럽고 자부심마저 생겼다. 마음이 떳떳해지기까지 하면서 김정순은 오빠의 전사증을 자랑하고 다녔다.

> 그렇게 오빠 톡 죽었다고 하니까 막 너무 끔찍하더라고요. 저도 울기도 하고 막 그랬는데… 내가 그때 스물한 살 땐데 그 오빠가 그래도 나라를 위해서 죽었다 하는 그게 내 그때 자부심이 생겼단 말입니다. 떳떳하더라구요. 그 슬픔보다도. 우리 오빠가 나라를 위해서 이렇게 전사했구나 하는 생각에 뭐 그게 그래 신경 안 썼던 것 같아요.… 전사증 받아가지고 야, 우리 집엔

> 전사증이랑 있다 하면서 자랑하구 다녔습니다. 진짜 그땐… 우리 오빠 나라를 위해서 자랑스럽게 전사했구나 하는 생각에 괜찮더라고요.

시간이 흘러 군 복무 중 죽은 오빠와 같은 부대에 있었다는 사람이 찾아왔다. 그리고 죽기 전, 오빠에게 무슨 일이 있었는지 알려주었다. 오빠가 죽던 해 겨울, 부대 전체가 추운 북쪽 지방으로 동계 훈련을 떠났다. 말이 동계 훈련이지 목적은 멧돼지, 곰 등을 사냥, 수령에게 바칠 선물 고기를 생산하기 위한 것이었다.

> 오빠와 군관들이 함께 멧돼지 사냥에 나섰고 오빠가 길을 앞서 갔다. 그런데 군관들이 멧돼지를 발견하고서 멧돼지를 쏜다는 것이 앞서가던 오빠를 쏴버렸고 총소리에 놀란 멧돼지가 이내 오빠를 덮쳤다는 것이었다. 군부대에서는 이 사실을 숨겼고 오빠가 죽은 후 몇 년이 지나서 부대원을 통해 오빠 사망의 진실을 알게 된 것이었다.

마음은 너무 안타깝고 분했다. 그렇다고 나라가 원망스럽거나 나라에 대해 분한 마음이 들었던 건 아니다. 그저 바보처럼 그렇게 죽은 오빠에 대한 원망뿐이었다. 그러나 어쩌겠는가 싶었다. 나라에서 훈련하다 죽었다고 해놨는데 다시 멧돼지한테 죽었다고 하면 오빠 죽음이 "아무 값" 없어지는 것밖에 더 되겠는가 싶었다. 지금 생각하면 어리석었구나 싶다. 하지만 그때 김정순에게는 무엇보다 나라가 우선이고 나라밖에 몰랐다.

마음은 너무 안타깝고 분하고 했는데… 나라에 대한 분이 아니라 오빠에 대한 원망이 컸단 말이야. 바보처럼 왜 그렇게 바보처럼 왜 거기로 갔는가 (나라에 대한 원망은) 못 해 봤다는데 상상도 못했죠…이러든 저러든 뭐 국가에서 훈련하다 죽었다고 딱 찍어놨으니까 이제 여기다가 멧돼지 때문에 죽었어, 이렇게 하면 우리 오빠 그러면 그거 뭐이 됩니까. 그러니까 아무 값이 없지, 그러니까 완전히 개죽음 당한 걸로 됐지. 그러니까 오직 나라밖에 생각 안 하니까는 다른 생각 안 했지. 어리석지 좀.

평양 출신인 한재오 역시 대대로 충성심 높은 집안 출신으로 장래 북한 사회에서 성공이 보장된 청년이었다. 하지만 집안 문제로 군대도 대학도 갈 수 없게 되면서 성공이 보장되었던 미래가 한순간에 물거품이 되어 사라졌다. 아무것도 보장받을 수 없는 암담해진 미래와 자신에 대한 자괴감으로 방황하던 한재오는 어느 날 홧김에 사람들과 싸우다 보안서에 끌려갔다. 당시 한재오 내면에 오가는 여러 감정이 있었다.

한재오가 학창 시절 즐겨봤던 북한 영화에서는 가족이나 친척 중 잘못을 해도 그 일로 다른 가족이 책임을 지지 않는다고 했다. 그런데 현실에서는 가족의 문제로 한재오 자신이 피해를 봤고 군대도 대학도 갈 수 없는 억울한 일을 겪었다. 그런 자신 안에 오가는 여러 감정이 있었다. 하지만 당시 그것이 자신에 대한 원망인지, 모든 가능성을 차단한 사회에 대한 불만인지, 아무것도 말해주지 않는 부모에 대한 원망인지 당시로서는 알 수 없었다.

이게 막 오고 가는 그런 감정이 막 생기거든요. 그러니까 내가

> 왜 여기 들어와 있지? 여기 들어와서 내가 이렇게 학대받는 이유가 뭘까? 그리고 이건 누구의 잘못일까. 이런 걸 많이 생각하게 되잖아요? 그러면서 오구잡탕 감정이 오가는데 이게 정확히 무엇에 대한 원망인지 반감인지 정확히 알 수 없지요. 그러니까 이게 지금도 아직 의문이 드는 게 그때 그 감정이 국가에 대한 원한인지 나를 차별받게 한 게. 아니면 그 사회에 대한 원한인지 김부자에 대한 논란인지 정부에 대한 원한인지 저는 잘 아직도 모르겠어요…….

그러나 북한에서 했던 행동을 지금 돌아보면 당국에 대한 반감이 자신에게 아주 없었던 것은 아니라는 생각을 한다. 하지만 북한에 있었을 때 당과 수령을 향해 반감이나 부정적인 생각을 가질 수도 없었고 아예 그런 생각을 하는 것이 가능하지 않았다. 그런 개념 자체가 한재오에게 없었기 때문이다.

> 저도 여기 와서 보면 이처럼 진짜 내가 그때 행동했던 걸 가만 보게 되면 충성심이나 애국심에 좀 이렇게 균열 같은 거… 반감이 조금은 있었던 것 같아요. 그런데 실제로 북한 사회에서는 이런 생각 자체를 못하는 거죠. 내 감정이 충성심이나 애국심의 이런 균열로 인한 반감이라는… 개념 자체가 없는 거예요.

학교 과제를 하지 못해 생활총화 시간에 스스로 비판의 대상이 되었을 때 당과 수령에게 잘못하고 있다는 죄책감만 들었고 친구들 앞에서 수치심이나 부끄러움은 느끼지 않았다는 강영주. 당이나 수령과 같이 공적이고 수직적 관계에 대해서 갖는 공적 감정에 비해 수평적인 인간관계에서 경험하는 사적 감정은 분화되지 않은 모습이라고 하겠다.

군 복무 중이던 오빠의 사망 소식에 슬픔보다 자부심을 가졌고 오빠의 억울한 죽음을 안 이후에도 나라에 대한 원망이 없었다는 김정순. 오빠 죽음에 대해 느끼는 개인적 감정보다 공화국 인민으로 느끼고 가져야 하는 공적 감정을 우선하면서 사적 감정은 미분화되거나 탈구15)되어 있는 모습을 보여준다.

집안 문제로 발전을 보장받았던 미래가 좌절되면서 사람들과 싸우고 보안서에 들어갔을 때 당시 자신 안에 오갔던 감정이 무엇이었는지 명확하게 규정할 수 없었고 한국에 들어와서야 그 감정 중의 하나가 북한 사회와 당과 수령에 대한 원망이라는 감정일 수 있다는 생각을 하게 되었다는 한재오. 한재오 역시 북한에 사는 동안 개인적으로 느낄 수 있는 사적 감정이 미분화되고 탈구된 상태로 있었던 것을 알 수 있다.

이처럼 강영주와 김정순, 한재오에게서 동일하게 나타나는 감정 세계는 북한 공민으로 가져야 하는 공적이고 규범적인 감정에 비해 개인으로 마땅히 갖게 되는 사적인 감정이 제대로 발현되지 않거나 사적 감정을 제대로 알아차리지 못하는 모습으로 나타나고 있다. 그렇다면 왜 이들에게서 이러한 동질적인 감정 경험의 양상이 나타나는 걸까?

---

15) Dislocation 원래 위치를 벗어나 있는 상태를 가리킨다. 라셀 살라자르 파레냐스는 필리핀 가사노동자들이 공유하는 "불완전한 시민권, 가족 별거의 고통, 모순적인 계급이동, 무소속"의 경험을 탈구 위치라는 개념을 사용해 설명했다. 라셀 살라자르 파레냐스 저, 문현아 역, 『세계화의 하인들: 여성, 이주, 가사노동』 (서울: 여이연, 2009), p. 51. 여기서는 사적 감정이 제대로 작동하지 않고 느껴지지 않는 상태를 사적 감정의 탈구라고 조작 정의해서 사용한다.

한가지 생각해 볼 수 있는 점은 이들이 평생에 걸쳐 학습해 온 사상교양과 그 안에 포함된 사상감정의 영향일 수 있다는 것이다. 북한 당국은 북한 주민을 대상으로 인민으로서 마땅히 가져야 하는 감정과 억제하고 극복해야 하는 감정을 대비시켜 제시하고 요구해 왔다. "수령에 대한 흠모감, 혁명하는 긍지감, 조국과 인민에 대한 사랑, 계급적 원쑤에 대한 증오심, 혁명적 동지애, 기쁨" 같은 감정은 고양해야 할 것으로 권장하고 "낙망, 우울, 슬픔" 같은 사적 감정은 "저열한" 감정으로 극복해야 한다고 주장하고 가르쳐 왔다.16) 모든 감정은 동일한 것이 아니라 감정에 서열이 매겨져 있는 것을 알 수 있다. 강영주와 김정순에게서 공민으로서 가져야 하는 감정만이 두드러지게 나타나는 이유일 수 있다.

또한 감정은 언어와 개념을 통해 존재한다. 그래서 감정을 나타내는 말을 발화할 때 그 말에 해당하는 감정이 일어나고 강화된다. 감정 표현과 감정 경험이 연결되어 있다는 말이다.17) 수령이나 당, 조국에 대한 부정적인 감정을 표현할 수 있는 언어나 개념이 금지되고 제한되어 있다는 것은 그 어휘에 해당하는 감정을 불러일으킬 수 있는 감정적 동기가 작동하지 않는다는 말이고 그 감정 경험이 쉽지 않다는 말이기도 하다. 수령이나 당을 향해 원망이나 반감을 갖는 것이 금지되어 있던 북한에 살았던 한재오가 보안서에 있을 때 자신

---

16) 북한사회과학원 철학연구소편, 『북한주체철학 철학사전』, pp. 17~18.
17) William M. Reddy, "Sentimentalism and its erasure. The Role of Emotions in the Era of the French Revolution," *Journal of Modern History,* vol. 72 (2000), pp. 113~119.

안에 일어났던 감정의 정체를 알아차리지 못했던 이유일 수 있다.

5. 다시 감정을 배우다

이제 북한을 떠나 중국에서 5년을 지내고 한국에 들어온 지 올해로 7년째인 강영주. 북한을 떠나 산 지 10년이 넘었지만 북한에 살았던 기억으로 강영주에게 여전히 남아 있는 것이 있다. 두려움과 공포의 감정이 그것이다.

최근 차를 타고 가다 차에 받치는 사고가 있었다. 그때 경찰복 같은 정장을 입은 사람이 차에서 내려 강영주에게 다가오는 것 같았다. 순간 강영주는 '아니 사고 난 지 1분 만에 경찰이 오냐'라고 생각했다. 강영주는 자신의 차를 받은 사람이 자기에게 다가오는 것을 보고 그 사람을 경찰로 생각했고 강영주는 교통사고 난 것보다도 경찰관을 본 게 더 무섭고 두려웠다. 북한에 살 때 당과 수령과 나라에 '충성'하지 않았다는 이유로 잡혀가고 처벌받는 사람들 이야기를 주변에서 들으면서 생겨난 두려움과 공포 그리고 불법으로 중국에 살면서 언제 잡혀 북송될지 모른다는 두려움과 공포에 떨었던 감정이 아직 강영주의 몸에 흔적처럼 생생하게 남아 있다는 것을 강영주는 그날 또 경험했다.

특별히 북한을 떠나기 전 겪은 장성택 처형 사건을 생각하면 강영주는 지금도 끔찍하다. 10대 시절에도 강영주와 한동네에 살던 사람의 가족이 갑자기 모두 잡혀가 생사를 모르는 일도 있었다. 한 동네에서 엊그제까지 얼굴 보면서 살던 사람들이 하루아침에 사라져 살아 돌아오지 못하는 무서운 일이 있었다. 가족 중 한 사람의 잘못으로 가문 전체가 몰살당하는 것을 강영주는 어린 시절부터 듣고 보면서 자랐다. 그래서 혹시라도 자기 잘못으로 가족들이 잘못될지 모른다는 긴장감과 두려움을 갖고 살았다. 그 때문에 한국에 살고 있는 강영주는 북한의 같은 동네 사람들 만나는 걸 지금도 꺼린다. 혹시라도 자신이 한국에 살고 있다는 것이 동네 사람들을 통해 알려져 북한에 살고 있는 가족들이 해를 당할까 두려워서다. 나라가 금하는 일을 했을 때 뒤따르는 처벌에 대한 두려움과 긴장감이 한국에 살고 있는 강영주의 마음 한편에 여전히 남아 있다.

> 내가 북한에 있을 때 장성택이 처형됐는데 그때 북한은 공포영화를 찍는다 할 정도로 공포스러웠어요. 고모부잖아요. 고모부를 어떻게 순간에 민족 반역자가 되고 공개 총살하구. 그리고 소문이 난 게 사냥개한테 물어뜯겨 죽게 했다. 아무튼 소문이 아주 흉흉하게 났었거든요.…… 아직은 무서운 게 좀 많은 것 같아요. 내가 그러니까 막 벌벌 떨지 않고 살았지만 긴장감과 두려움을 항상 가지고 살았던 것 같아요. 그런데 그거를 그때 당시에는 표출을 못하잖아요. 못하니까 다 숨기고 꽁꽁 숨기고 숨기고… 두려움 같은 거를 그런 거를 여기 와서 떨쳐내기는 해도 어디 마음 한쪽에는 있어.

한편 한국에 들어와 살면서 강영주는 이전에 경험하지 못했던 감정을 겪기도 한다. 얼마 전 일이다. 길을 가다가 아이와 함께 너무 행복해 보이는 부부 모습을 보는데 순간 울컥했다. 왜 울컥했는지는 잘 모르겠다. 결혼해서 가정을 이룬 사람에 대한 부러움이었는지 가족들이 함께 있는 모습을 보면서 북한에 있는 가족이 그리웠는지 잘 모르겠지만 개인적 감정은 언제고 누르고 살아왔던 강영주에게는 아주 새로운 경험이었다. 새롭게 마주한 세상에서 새롭게 마주하게 되는 강영주의 감정이었다. 강영주의 감정 세계는 그렇게 조금씩 다채로워지고 있었다.

참고문헌

1. 국문 단행본 및 국문 논문

김옥선. "전선 문학에 나타난 감정 정치."『인문학논총』. 제25집 (2011).
라셀 살라자르 파레냐스 저, 문현아 역.『세계화의 하인들: 여성, 이주, 가사노동』. 서울: 여이연, 2009.
랜들 콜린스 저, 진수미 역.『사회적 삶의 에너지: 상호작용 의례의 사슬』. 파주: 한울, 2009.
정명중. "파시즘과 감성 동원: 일제하 국민문학에 대한 고찰."『호남문학연구』. 제45집 (2009).

2. 영문 단행본 및 영문 논문

Abu-Lughod, Lila and Catherine A. Lutz. "Introduction: emotion, discourse, and the politics of everyday life." Catherine A. Lutz and Lila Abu-Lughod, eds. *Language and the politics of emotion*. New York: Cambridge University Press (2008).
Hutchison, Emma and Roland Bleiker. "Theorizing emotions on world politics." *International Theory*. vol. 6, no. 3 (2014).
Koschut, Simon. "Emotional (security) communities: the significance of emotion norms in inter-allied conflict management." *Review of International Studies*. vol. 40, no. 3 (2014).
Lutz, Catherine A. *Unnatural Emotions: Everyday Sentiments on a Micronesian Atoll and their Challenge to Western Theory*. Chicago: University of Chicago Press, 1988.

Reddy, William M. "Sentimentalism and its erasure. The Role of Emotions in the Era of the French Revolution." *Journal of Modern History*. vol. 72 (2000).

3. 북한 문헌

리재순. "주체사상이 밝힌 인간 감정에 관한 리론."『철학연구』. 제4호 (1996).
리승철. "조선 민족 제일주의 정신의 본질과 특징."『철학연구』. 제1호 (2000).
북한사회과학원 철학연구소.『북한주체철학 철학사전』. 서울: 도서출판 힘, 1988.
사회과학출판사 편.『조선말대사전 1』. 평양: 사회과학출판사, 2017.
장운빈.『조선 사회과학 학술집 223 철학편: 위대한 주체사상총서 6』. 평양: 사회과학출판사, 2010.
전태성.『사상교양에 대한 주체적 리론』. 평양: 사회과학출판사, 1991.
한광철. "원쑤들을 끝없이 증오하는 것은 혁명가가 지녀야 할 원칙적 태도."『철학연구』. 제2호 (2003).
한달환. "위대한 수령 김일성 동지와 위대한 령도자 김정일 동지를 충성으로 높이 우러러 모시는 사상감정에 대한 주체적 리해."『철학연구』. 제1호 (1996).
허인숙. "사상감정의 역할."『철학연구』. 제1호 (1998).

제6장

북한주민의 일상생활과 영어 리포트

이 경 애

1. 김정은 집권 이후 북한 영어교육의 변화 지속성

본 연구는 김정은 집권 이후 북한 영어교육의 변화와 지속성을 분석한다. 특히 2019년 9월 학제 개편 이후 최근까지 북한 영어교육의 방향성과 특성을 살펴보고, 변화된 교육내용을 고찰한다. 북한의 영어교육은 외교 및 국제 교류, 과학기술 정보 습득, 관광산업 발전 등의 목적으로 시행되고 있으나, 자원 부족, 교사의 전문성 결여, 정치적 제약, 사회적 인식의 한계, 교육 정책의 비일관성 등 여러 문제점을 안고 있다. 본 연구는 공개된 자료와 전문가 분석을 토대로 북한 영어교육의 학술적 가치를 조명하고, 향후 남북한 교육 통합에 기여할 수 있는 시사점을 도출한다.

1) 연구의 배경 및 목적

본 연구는 김정은 집권 이후 2019년 9월 학제 개편을 시작으로 최근까지의 북한 영어교육 방향성 및 특성을 분석하는 데 목적이 있다. 북한의 영어교육은 북한 사회의 변화, 국제 관계, 그리고 한반도 통일과 같은 중요한 주제와 밀접하게 연관되어 있다. 영어교육은 북한 내부에서도 국제 사회와의 소통 및 교류를 위한 중요한 도구로 인식되고 있으며, 북한의 영어교육 수준과 목표를 분석함으로써 북한의 향후 방향성을 전망할 수 있다.

2) 연구의 방법 및 한계

북한의 영어교육에 대한 정보는 외부에서 접근하기 어려운 특성이 있어, 본 연구는 공개된 자료와 전문가들의 분석을 바탕으로 수행되었다. 이러한 방법론적 한계에도 불구하고, 본 연구는 가용한 자료를 최대한 활용하여 북한 영어교육의 실태와 변화 양상을 객관적으로 분석하고자 하였다.

3) 북한 영어교육의 시스템

북한은 매년 4월부터 학기가 시작되는 학사 일정을 유지하고 있으며, 2024년부터 교육 체계에 주목할 만한 변화가 있었다. 문과와 이과, 예체능계로 나뉘고 학생들이 수업을 선택해서 듣는 '선택과목제'가 도입되었다. 2023년 6월 노동당 제8차 전원회의에서 '선택과 목제'를 채택하면서 일부 학교에 시험적으로 적용되고 있다(조한범, 2024). 북한에서 영어교육은 다음과 같은 목적으로 시행되고 있다.

외교 및 외국과의 소통은 제한적이지만 외국과의 교류가 필요한 경우를 대비하여 영어 능력을 갖춘 인재 양성, 과학 기술 및 정보 습득, 일부 고급 교육 기관에서는 외국의 과학 기술 자료나 정보를 이해하기 위한 영어교육을 실시하고 있다. 또한 관광 산업 확대 시 관광객과의 소통을 위한 영어 활용능력을 개발함과 동시에 영어교육을 통해 사회주의 체제를 홍보하고 이념을 전파한다.

북한 정권은 국제적인 소통과 경쟁 시대에 영어가 필수적인 언어임을 인지하고, 국제적 경쟁력 확보를 위해 영어 능력이 필요하다는 점을 인식하고 있다. 그러나 북한의 교육 시스템은 중앙집권적이며, 주로 사회주의 이념과 지도자 숭배를 중심으로 구성되어 있다.

4) 북한영어 교육의 문제점

북한의 영어 교육은 교재와 자료 부족으로 질적 저하를 겪고 있으며, 최신 교육 기술에 대한 접근성 제한으로 학습 효과 극대화가 어렵다. 학생들의 흥미와 참여를 높이기 위해 교사들에게 기술 활용 교육을 제공해야 한다. 북한의 영어 교육은 그들의 이념, 정책, 사회적 요구를 반영하며, 이를 통해 북한 정권이 주민들에게 주입하려는 세계관을 분석할 수 있다.

영어 교사의 전문성 강화를 위해 다양한 연수 프로그램과 교육

과정 개발이 필요하며, 실제 교육 현장 경험 축적 기회가 제공되어야 한다. 효과적인 의사소통 능력과 영어 발음, 문법, 어휘 능력 외에도 다양한 문화적 배경을 이해하는 능력이 교사에게 요구된다. 다양한 학습자의 요구를 충족시키는 효과적인 교육 전략과 방법을 습득하고 적용할 수 있도록 교사 연수 프로그램을 강화해야 한다.

(1) 교사의 전문성 결여

영어를 가르칠 수 있는 전문 교사가 부족하여 교육의 질이 저하되고 있다. 많은 교사가 영어에 대한 충분한 훈련을 받지 못한 상태에서 학생들을 지도하고 있다. 북한은 이러한 문제를 인식하고 교사평가제를 실시하였으나, 여전히 교사의 전문성 강화를 위한 체계적인 연수 프로그램과 교육 과정 개발이 필요한 상황이다.

(2) 정치적 제약

영어 교육이 정치적 이념과 결합되어 있어, 학생들이 영어를 배우는 데 있어 자유로운 사고가 제한된다. 이는 학생들이 영어를 실제로 사용할 수 있는 능력을 저해하는 요인이 된다.

(3) 사회적 인식과 태도

북한 학생들은 영어에 대한 불안감을 느끼며, 이는 학습 의욕을 저하시킨다. 영어를 배우는 것이 외부 세계와의 접촉을 의미하기 때문에 영미 문화에 대한 두려움이 존재하며, 이는 학생들이 영어를 배우는 데 있어 심리적 장벽으로 작용한다.

(4) 교육 정책의 비일관성

북한의 외국어 교육 정책은 일관성이 부족하고, 시대적 변화에 적절히 대응하지 못하고 있다. 이는 학생들이 필요로 하는 교육을 제공하지 못하게 만드는 요인이 된다.

5) 북한영어 교육의 학술적 가치

북한 영어교육에 대한 연구는 언어 교육학, 사회학, 정치학 등 다양한 학문 분야에서 활용될 수 있는 학술적 가치를 가진다. 특히, 영어교육이 북한 내부의 계층화, 특권 체계, 지역 간 격차 등에 미치는 영향을 탐구할 수 있다. 김유연(2017)의 연구에 따르면, 북한의 영어교육에 대한 체계적이고 심층적인 연구는 학문적·실용적 가치를 동시에 가지며, 한반도와 국제 사회에 긍정적인 기여를 할 수 있다.[1]

북한의 영어교육은 정부의 정책과 이념에 의해 강하게 통제되고 있으며, 제한된 범위 내에서 이루어지고 있다. 외교, 과학 기술, 관광 산업 등 특정 분야에서는 영어 교육의 필요성이 인정되지만, 전체

---

[1] 김유연, 『북한 제1중학교 정책 실태 및 변화 연구』,이화여자대학교 학위논문, 2017, p. 100.

교육 시스템에서 영어의 비중은 상대적으로 낮다. 북한 영어교육의 개선을 위해서는 다음과 같은 방안이 필요하다.

- 교사의 전문성 강화를 위한 연수 프로그램 개발
- 최신 교육 기술을 활용한 학습 효과 극대화
- 학생들의 영어 학습에 대한 흥미와 자기주도적 학습 능력 함양
- 다양한 포괄적 평가 방법 도입
- 영어 관련 정보와 자료에 대한 접근성 향상

이러한 개선 방안은 북한의 정치적, 사회적 상황을 고려할 때 현실적인 제약이 있을 수 있으나, 장기적인 관점에서 북한 영어교육의 발전을 위해 고려해 볼 만한 요소들이다.

6) 북한영어교육의 사회적 인식

북한의 교육체계는 사회주의 이념에 기반을 두고 운영되며, 영어교육 역시 이러한 맥락에서 진행된다. 본 연구는 북한의 학교 영어교육 시스템, 교재와 교수법의 특성과 한계, 교사의 자질 및 전문성, 그리고 정책적 측면에서의 영어교육 현황을 분석하여 북한 영어교육의 전반적인 실태를 파악하고자 한다.

(1) 학교 영어교육 시스템

북한의 영어교육은 초등교육부터 고등교육까지 단계적으로 이루

어진다. 초등교육에서는 기본적인 영어 단어, 문법, 회화를 배우며 영어의 기초를 다진다. 중등교육에서는 듣기, 말하기, 읽기, 쓰기 능력을 균형 있게 발달시키는 데 중점을 둔다. 고등교육에서는 전문 분야에 필요한 영어 능력을 키우는 데 집중하며, 대학 진학을 위한 영어 시험 준비도 강조된다.

북한은 3학년부터 영어를 정규 교과목으로 채택하고 있으며, 이러한 영어 교육은 초급중학교와 고급중학교까지 지속된다. 일부 엘리트 학교나 외국어 중점 학교에서는 영어교육이 더 일찍 시작되거나 심화된 프로그램이 제공되며, 이는 북한의 대학까지 이어진다. 특히 고등학교와 대학에서는 외국어 교육의 중요한 부분으로서 영어의 심화 교육이 이루어진다.

(2) 교재와 교수법의 한계

북한의 영어 교재는 사회주의 이념과 실용성을 강조하는 특성을 보인다. 교재 내용은 북한 내부에서 제작되어 체제 선전의 내용이 중심을 이루며, 예문으로는 "김정은 동지께서 외국 방문 시 영어로 연설하셨습니다" 같은 체제 선전적 내용이 포함된다. 실생활에 필요한 영어보다는 문법과 독해 중심의 교육이 이루어지며, 영어 교육을 위한 교재가 제한적이고 주로 정부에서 승인한 자료에 의존한다. 집필진 역시 한정되어 있어 교재의 다양성이 부족하다.

한편으로는 인터넷과 멀티미디어를 활용한 영어 교육 자료 개발과 활용이 증가하고 있으며, 라디오 방송과 TV 프로그램을 통해 영어 학습 기회를 제공하는 등 발전된 측면도 있다. 세거리 초급중학교와 같은 북한의 고위 간부 자녀들이 다니는 엘리트 학교에서는 디즈니의 '겨울왕국'과 같은 해외 영화를 한글 자막과 함께 시청하는 경우도 있으나, 이는 국가가 검열을 거쳐 교육 목적으로만 허용한 것으로 보인다. 2020년 제정된 '반동사상문화배격법'에 따라 일반 북한 시민들은 국가의 승인 없이 해외 미디어를 시청하면 엄중한 처벌을 받는다.

(3) 영어교육의 정책

북한 학생들의 영어 능력은 전반적으로 낮은 편이다. 영어 교육이 문법과 독해에 중점을 두지만, 실제 의사소통 능력은 부족하다. 이는 북한 실생활에서 영어를 실제로 사용할 수 있는 환경이 거의 없기 때문이다. 외국인과의 접촉이 엄격히 통제되며, 영어를 활용한 방송이나 인터넷 콘텐츠도 극히 제한적이다. 실질적인 영어 회화 능력보다는 시험과 평가에 초점이 맞춰져 있다.

최근 북한에서는 교육 관련 정책들을 개정하는 것을 통해 교육환경을 개선하고 발전시키고 있다. 이러한 조치들은 북한의 교육의 질과 시스템을 국제사회의 흐름에 맞게 현대화하는 노력의 일환으로 볼 수 있다. 특히 외교관, 외국인과의 교류 담당자, 특정 분야의 전문가 등을 양성하기 위한 특수 교육 기관에서는 더 심도 있는 영어 교육이 이루어지고 있다.

북한의 영어교육은 사회주의 이념에 기반을 둔 체제 중심적 특성을 보이며, 제한된 교육 자원과 폐쇄적 환경으로 인해 여러 한계점을 가지고 있다. 교재는 체제 선전 중심이며, 교사들의 전문성도 제한적이다. 그러나 최근 교육정책의 변화와 일부 엘리트 교육기관에서의 새로운 시도는 북한 영어교육의 변화 가능성을 시사한다.

북한의 영어교육을 개선하기 위해서는 실용적인 의사소통 능력을 향상시키기 위한 실용 영어 교육 강화, 교사 양성을 위한 해외 교육기관과의 교류 확대, 그리고 선진 교육 시스템의 도입이 필요하다. 이를 통해 국제적인 경쟁력을 갖춘 영어교육 시스템을 구축할 수 있을 것이다.

2. 북한영어 교육 상황

북한의 영어교육은 평양외국어대학, 김책공업종합대학 등의 고등교육기관과 평양 제1중학교, 김일성종합대학 부속 학교 등 엘리트 학교를 중심으로 이루어지고 있다. 이들 기관에서는 외교관, 통역사, 무역 전문가 등 외국어 실력을 필요로 하는 인재를 양성하는 데 주력하고 있다(MBN뉴스, 2024).

최근에는 소학교(초등학교)와 유치원, 심지어 탁아소에서도 영어교육이 이루어지고 있으며, '외국어 학습 홀'과 같은 전용 공간을 마련하여 영어교육을 강화하고 있다. 이러한 공간에는 시청각교재, 영어 도서, 보드게임, 가상현실 기술이 적용된 IT 제품 등이 구비되어 있어 학생들이 자유롭게 영어를 학습할 수 있도록 지원하고 있다(연합뉴스, 2023).

북한의 영어 교육 실정은 여러 가지 측면에서 독특하며 정치적, 사회적 환경에 큰 영향을 받고 있으며 최근 몇 년간 북한의 영어교육은 다소 외부 세계와의 접촉이 증가함에 따라 영어 교육의 필요성이 커지면서 선택과목제 수업으로 이어지고 있다.

북한의 영어교육은 정치적 이념과 밀접하게 연결되어 있다. 영어를 배우는 과정에서 외부 세계에 대한 경계심이 강조되며, 이는 학생들이 영어를 학습하는 데 심리적 장벽으로 작용한다. 영어교육은 체제 유지에 유익한 범위 내에서만 허용되며, 자유로운 영어학습은 제한되고 있다.

북한의 영어 교과서를 분석해보면, 서문에 김일성, 김정일, 김정은의 교시가 인용되어 있으며, 학생들이 당에서 지정해 준 방법대로만 학습해야 함을 강조하고 있다. 그러나 최근 교과서는 컬러로 인쇄되어 있으며 말하기와 그룹 활동이 강조된 내용으로 구성되어 있어 교육 방식의 변화를 엿볼 수 있다(홍정실, 김정렬, 2019).

1) 영어교육의 변화 추세

최근 북한은 '세계적 추세'를 강조하면서 영어교육을 강화하고 있다. 과거에는 러시아어와 영어를 반반씩 나누어 배웠으나, 점차 러시아어가 사라지고 영어로 통합되어 모든 학생들이 영어를 배우게 되었다(MBC 통일전망대, 2023).

북한이 영어교육을 강화하는 이유는 외교관 양성, 국제 무역 활성화, 과학기술 발전 등 실용적인 목적이 커지고 있기 때문이다. 특히 김정은 정권은 영어교육을 통해 세계적인 과학 기술 추세를 따르고 첨단 과학 기술 습득을 통한 경제 성장을 도모하고 있다.

2) 사교육의 증가 추세

북한에서도 사교육이 점차 확산되고 있으며, 특히 영어 과목의 사교육 참여율이 증가하고 있다. 2006~2010년에는 12.5%였던 영어교육 참여율이 2016~2020년에는 27.7%로 증가했다(이상현, 김지연, 2023). 또한 사교육을 받은 경험이 있는 탈북자 비율도 3.2%(2000년 이전)에서 14.1%(2016~2020년)로 대폭 증가했다.

사교육 제공자의 변화도 나타나고 있다. 2016~2020년 탈북자에 따르면 전문강사(49.7%)로부터 사교육을 받았다는 응답이 교사(43.5%)를 앞질렀으며, '대학교수'나 '대학생'의 비율도 조금씩 증가하는 추세이다(김연정, 2021).

3) 사교육의 형태와 비용

북한에서는 사교육을 공식적으로 금지하고 있어 학원과 같은 공식적 사교육이 아닌 주로 개인 과외나 그룹 과외 형태로 이루어지고 있다. 과외는 교사가 학생의 집을 방문하거나, 학생이 교사의 집을 방문하는 형태로 진행된다.

사교육 비용은 매달 최소 20$(약 25만원)에서 최대 50$(약 64만원)의 고액이며, 이는 북한 주민의 기본 소득(약 20만원) 대비 10% 이상을 차지하는 높은 수준이다(장희원, 2021). 한 달 수업료는 쌀 10kg 정도로, 이는 공무원 월급(3급 교사 월급 약 1,700원)과 비교했을 때 상당히 높은 금액이다(조현정, 2022).

4) 사교육의 사회적 의미

북한에서 사교육이 확산되는 것은 입시 경쟁의 심화를 의미한다. 특히 중앙급 대학(김일성종합대학, 김책공업종합대학, 평양외국어대학 등)에 진학하기 위한 경쟁이 치열해지면서 사교육 수요가 증가하고 있다.

북한에서 대학 진학률은 약 20% 수준이며, 대학 졸업자들은 국가 기관이나 당 기관에서 간부로 일할 수 있어 사회적으로 높은 지위를 차지할 수 있다. 이러한 상황에서 영어 능력은 외교관이나 무역 전문가가 되기 위한 중요한 요소로 작용하고 있다.

5) 영어교육과 입시제도의 관계

북한의 입시제도에서 영어는 중요한 과목으로 자리 잡고 있다. 특히 제1중학교나 외국어 학원과 같은 영재 학교에 입학하기 위해서는 영어 실력이 중요하며, 이로 인해 소학교 고학년 학생들의 영어 사교육 수요가 증가하고 있다.

대학 입시에서도 영어는 필수 과목이며, 특히 외교나 국제 무역 분야의 대학에 진학하기 위해서는 높은 수준의 영어 능력이 요구된다. 이러한 입시 제도는 영어 사교육 시장의 확대에 영향을 미치고 있다.

6) 계층 간 교육 격차

북한에서의 영어교육과 사교육은 계층 간 교육 격차를 반영하고 있다. 장마당이나 중국과의 무역을 통해 경제적 여유가 있는 가정은 자녀에게 영어 사교육을 제공할 수 있지만, 그렇지 않은 가정은 교육 기회가 제한된다.

또한 교육 자원의 부족, 교사의 전문성 결여 등은 북한 학생들이 영어를 효과적으로 학습하는 데 장애물로 작용하고 있다. 이러한 상황은 북한 사회 내 계층 격차를 심화시키는 요인으로 작용할 수 있다.

북한의 영어교육은 체제 유지와 국가 발전이라는 두 가지 목표 사이에서 변화하고 있다. 정치적 이념을 강조하면서도 세계화 시대에 대응하기 위해 영어교육을 강화하고 있으며, 이는 북한 사회의 변화를 반영하고 있다.

영어 사교육의 확산은 북한 사회 내 교육열의 증가와 계층 격차를 보여주는 현상으로, 이는 북한 사회의 변화와 시장경제 요소의 도입을 간접적으로 보여준다. 또한 입시제도와 연계된 영어교육은 북한 주민들의 사회적 이동 수단으로 기능하고 있다. 북한의 영어교육과 사교육 실태는 앞으로도 계속해서 변화할 가능성이 있으며, 이러한 변화는 북한 사회의 변화와 함께 해석되어야 할 것이다.

7) 교사 자질 및 전문성

북한은 교사의 자질을 중요시하며 교사들을 관리하는 제도를 마련하고 있다. 학교 교사 연수와 유사한 강습을 통해 재교육을 실시하고, 2024년부터는 교원 평가 제도를 도입하였다. 그러나 영어 교사들은 제한된 자원과 폐쇄적인 환경에서 훈련받기 때문에 발음, 어휘 사용, 현대적 교수법에서 한계를 보인다.

교사들의 교수법은 발음이나 표현 방식이 북한식으로 변형되거나 비현실적인 경우가 많다. 외국에서 영어를 배운 경험이 있는 교사는 극히 드물며, 주로 국내에서 학습한 교수 학습법으로 내용을 전달한다. 이로 인해 교사들은 영어에 대한 전문 지식이 부족하여 학생들에게 효과적으로 가르치기 어려운 상황이다.

북한의 《교육신문》을 통해 드러난 바에 따르면, 북한에서는 교육뿐만 아니라 북한 사회에 헌신적인 교사를 모범 교수자로 인정한다. 북한에서 성실한 교육자란 북한 체제에 헌신적이고 성실한 태도를 가진 교사를 의미하며, 이러한 교사의 모습은 학생들에게 영향을 미쳐 북한 체제에 충성하는 인재로 성장하도록 한다. 교육신문에서는 모범적인 교육자의 사례를 소개함으로써 다른 교사들에게 동기부여를 제공하고, 교육자가 사회적으로 존경받는 직업임을 강조한다.

지방의 경우에는 전기 공급이 원활하지 않거나 건물 시설이 열악하여 비가 새는 경우도 있으며, 생계 문제로 교사들이 학교에 출근하지 않는 사례도 발생하고 있다. 북한이 실용적인 의사소통 능력을 향상시키기 위해서는 실용 영어 교육을 강화해야 하며, 교사 양성

과정에서 해외 교육 기관과의 교류를 확대하여 선진 교육 시스템을 도입하고 국제적인 경쟁력을 강화할 필요가 있다.

다음 〈표 1〉은 북한의 《교육신문》을 통해 드러난 교원에 관한 북한 신문 기사 원문 내용이다.

〈표 1〉 북한의 성실한 교원 모습

성실한 교육자

〈10월 8일 모범 교수자〉인 신의주교원대학부속 소학교 분과장 강영실동무는 30여년 간 후대교육사업에 티없는 량심을 바쳐가며 묵묵히 일해오고있는 성실한 교육자이다. 하루 첫 일과를 시에 모셔진 위대한 수령님의 동상주변에 대한 관리사업으로부터 시작하는 그의 남다른 풍모는 학생들을 아버지 장군님께 끝없이 충직한 미래의 역군으로 준비시키는데 커다란 도움을 주고 있다. 지난 20여년간 만경대고향집을 찾아 4200여점의 관리도구를 기증한 그는 백두산밀영고향집과 희령고향집들에도 여러차례에 걸쳐 관리도구를 기증하였으며 주체의 최고성지 금수산기념궁전 수목원에는 은방울꽃을 비롯한 415그루의 꽃관목과 꽃나무들을 보내주어 경애하는 장군님의 감사를 여러차례 받아안는 영광을 지니었다.(중략)

본사기자 권재덕

위의 기사문에 등장한 모범 교수자는 교육뿐만 아니라 북한 사회에서 사회적으로 기여를 인정받았다. 북한에서의 성실한 교육자란 북한 체제에 헌신적이고 성실한 태도를 가진 교사를 의미하며, 교사의 이러한 모습은 학생들에게 영향을 미치며 북한 체제에 충성하는 인재로 성장하도록 한다.[2]

---

[2] 박수빈, 『북한 외국어학원 『중국어 초급 1』 교과서 분석 연구: 어법항목과 의사소통 표현을 중심으로』, 이화여자 대학교 교육대학원 학위논문, 2024. p 11.

〈표 2〉 북한의 존경받는 교원 모습

존경받는 교원

박천군 대령강소학교 교원 김정옥동무는 자질도 높고 인정미도 풍부한 것으로 하여 교원, 학생들속에 잘 알려져 있는 교육자이다. 학생들에게 하나를 가르치려면 열, 백을 알아야 한다는 것을 명심하고 정옥동무는 지난 기간 교육자로서 자신의 실무적자질을 높이기 위하여 꾸준히 노력하였다.(중략)

그처럼 어려웠던 〈고난의 행군〉시기에 가정사정으로 하여 학생들의 출석률이 떨어지자 정옥동무는 10여명의 학생들을 집에 데려다 함께 생활하면서 공부시키였다. 조국의 미래를 위해 그처럼 정열적이고 헌신적인 김정옥 동무, 하기에 사람들은 그를 가리켜 〈참된 교육자〉, 〈학생들을 위해 사는 사람〉이라고 하면서 존경하고 있다.

본사기자 권재덕

북한 교육신문에서는 교사의 헌신적인 모습을 높게 평가하고 신문 기사에 소개하여 인정과 존경의 의미를 전달한다. 이러한 모범적인 교육자들의 사례를 소개하는 것은 다른 교사들에게 동기부여를 제공하고 교육환경을 개선하는 데 목적이 있는 것으로 판단된다. 북한에서는 모범적이고 성실한 교육자들의 헌신을 사회적으로 매우 가치 있는 것으로 여기고 교육자가 사회적으로 존경받는 직업임을 알 수 있다.

북한은 최근 소학교는 물론이고 유치원과 보육 기관인 '탁아소'에 다니는 유아들에 이르기까지 영어 교육을 시행할 정도로 조기교육과 영재교육에 안간힘을 쓰고 있다. 유아나 어린이의 눈높이에 맞는 만화영화 형식의 교육 자료와 교육용 인공지능(AI) 로봇 등도 영어 학습 도구로 이용하고 있다. 이는 영어교육을 강화해 세계적인 과학기술 추세를 따르고 첨단 과학 기술 습득을 통해 경제 성장을 이루려는 김정은 정권의 정책 기조에 따른 것으로 보인다.

8) 필수 과목 영어

　북한이 변화된 교과 과정을 살펴보면 영어 과목이 어렸을 때부터 반미 감정을 주입하고 있지만 필수 과목이다. 김정은 체제 이후에 북한에 신문이나 방송 등을 보면 세계적 추세라는 말을 강조하는 것이 눈에 띈다. 이것은 자기들 자신도 기존에 우물 안 개구리였다는 것을 인정하면서 세계적으로 발전된 기술들을 배워야 한다는 것을 강조하고 그런 맥락 속에서 연구국가를 강조하고 있다. 최근 북한 TV를 보면 영어를 하는 학생들의 모습이 자주 보인다. 북한이 올해 초 설 명절 특집으로 반영한 영상에는 4살짜리 남자아이가 영어로 대화를 나누는 모습을 볼 수 있다. 대화 내용 일부를 살펴보면

　　교원: 제가 외국어 교원인데 이 어린이한테 잠깐 회화를 나눠
　　　　 보겠습니다.
　　교원: How many memebers are there in your family?
　　건영: I live in grandmother, father, mother, sister and me.
　　교원: 이름이 뭐예요?
　　건영: My name is 건영.
　　교원: 건영이 몇 살이예요?
　　건영: I am 4 years old.
　　교원: 어리니까 발음은 서툴러도 나이에 비해서 영어 단어 소요
　　　　 량도 많고 영어 사용 능력도 대단하다고 볼 수 있습니다.

라고 소개한다.
　북한이 영어를 배우며 반미 감정보다는 북한 사회에서 살아가려

는 방편으로 외교관이나, 중국이나 외국을 통해서 무역하기 위해서 앞으로의 미래를 위해 영어를 가르쳐야겠다는 생각으로 변했다. 북한이 통계를 공개하고 있지 않기 때문에 북한의 영어 교사 수급 상황을 정확히 알 수는 없다.

북한이 각 지역에 외국어 영재들을 육성하고 있고, 사범 대학에 영어과가 있으므로 평양 외국어 학원 같은 곳에서 외국어 인재들을 육성하는 기관들이 있다. 북한이 학제 개편 이후 발행한 최근의 교과서를 몇 권 입수해보았다. 책 표지를 보면 북한에 장거리 로켓인 은하가 그려져 있다. 한 장을 더 넘겨보면 콘텐츠 목차와 머리말이 보이고, 김정은 위원장의 교시가 나온다.[3]

교과서의 속지 첫 부분부터 1단원이 시작하기 전까지를 서문이라 하고 보통 교과서 서문에는 머리말, 목차 등이 나타나는데 머리말의 내용에 주로 교과의 성격이나 목표, 집필 방향 등이 나타나므로 교과서의 서문을 분석하면 교과서의 전체적인 구성이 어떻게 이루어졌는지 파악할 수 있다.

외국어 학습을 여러 방법으로 김일성이나 김정일, 김정은의 교시가 인용되어 있다. 학생들이 이 교과를 배울 때에는 철저하게 자기 마음대로 뭔가 자기 생각대로 배우는 것이 아니라 당에서 지정해 준 방법대로 공부를 해야 한다는 것을 보여주고 있다. 영어 교과서를 보면 다양하지는 않지만, 책이 컬러로 인쇄가 되어 있고, 내용을 보면, 말하기와 그룹 활동이 강조된 영어 교과서라는 것을 알 수 있다.[4]

---

[3] 통일부, 『2023 북한 이해』, 국립통일교육원, 2023, p. 323.

9) 입시에 영어 과목 중요

북한에서도 소학교를 졸업하고 중학교 가는 단계에 제1중학교나 외국어 학원 같은 영재 학교에 입학하려는 욕구들이 높다. 그래서 소학교 높은 학년에 올라가면 수학이나 과학 영어 같은 사교육을 받는 사례가 늘어나고 있다. 실제로 우리나라 학생들은 하원 후 사교육을 받지만 북한은 학원에서 배우는 게 아니라 선생님 집에 가서 과외를 받든지 선생님이 학생의 집에 가서 가르쳐 준다. 북한에서는 이런 식의 사교육비가 상당히 든다. 과외에서 하루 수업량은 5시간 내지 6시간 정도로 집중적으로 가르친다.

북한은 대한민국과 입시경쟁이 다르다. 북한에서 입시는 북한 주민들의 삶을 개선하는 것과 직결된다. 영어를 잘하게 되면 외교관이 될 수 있다. 외교관이 되기 위한 과정은 외국어 학원에서 공부하고 북한의 평양 외국어 대학교나 김일성종합대학, 정치외교 학부에 입학하는 통로가 있다. 북한에서 중국이나 장마당을 통해 외부 사람을 접한 사람들이 자식만큼은 경쟁이 치열하더라도 좋은 대학을 보내기 위해 허리띠를 졸라맨다. 남한이나 북한이나 부모들의 자식 뒷바라지는 다를 게 없다.

북한에 대학은 중앙급 대학이 있고. 지방급 대학이 있다. 중앙급 대학을 간다는 것은 국가 수준의 일꾼으로 양성하기 위한 대학이라고 볼 수 있고, 중앙급 대학에 김일성 종합 대학이나 김책 공업 종합

---

4) 홍정실, 김정렬. 「북한 영어교과서의 통치 권력별 통시적 분석」, 학습자중심교과교육연구, 2019.6, p. 19.

대학, 리과대학, 평양외국어대학 등 이런 대학을 졸업하면 외교관이 되거나 국가 단위의 행정 기관당에서 간부가 된다.

고급중학교를 졸업하고 대학을 곧장 가는 학생은 10% 수준이다. 군대 갔다 와서 대학을 가거나 직장 생활을 한다. 대학가는 학생은 전체 20% 정도다. 대학을 졸업한 20% 정도의 학생이 국가 기관이나 당 기관에서 간부로 일한다. 대학을 나온다는 것은 북한에서는 상당히 사회적으로 높은 지위를 차지할 수 있다.[5]

3. 북한의 디지털 영어교육 현황

북한의 디지털 영어교육은 제한된 기술 환경에서 운영되고 있다. 북한은 해외 인터넷에 접속하지 못하고, 자체 폐쇄형 네트워크인 '광명'을 통해 제한된 디지털 콘텐츠에 접근한다. 이로 인해 글로벌 영어 콘텐츠보다는 북한 내부에서 제작한 자료에 의존하고 있으며, 이는 영어교육의 다양성과 현대성을 제한하는 요인이 된다.

북한에서는 '배움의 길'이라는 학습 플랫폼이나 전자 교재를 통해 영어 문법과 단어를 학습하고 있으며, 일부 영어학습용 디지털 자료(소프트웨어, 앱, 멀티미디어 교재)를 자체적으로 개발하여 사용하고 있다. 그러나 이러한 디지털 학습 자원은 주로 일부 엘리트 학교와 외국어 중점 학교에 제한적으로 보급되어 있어, 지방 학교나 일반 학교는 전기 공급 부족과 디지털 장비 부족으로 활용이 제한적이다.

---

[5] 박기찬, "북한의 영어교육 이야기", MBC&iMBC

1) 콘텐츠 특성 및 이데올로기적 영향

북한의 영어 학습 콘텐츠는 철저한 검열을 거쳐 체제에 적합한 자료만 사용되며, 외국 문화를 반영한 자료는 배제되는 경향이 있다. 영어교육이 국제적 실용성보다는 체제 선전에 필요한 기술과 언어를 학습하는 데 초점이 맞춰져 있다는 점은 주목할 만하다.

탈북민들의 증언에 따르면, 북한에서의 영어 학습은 기초적인 수준에 머물러 있으며, 일부는 '전쟁 영어'나 정치적 구호를 영어로 표현하는 것을 배웠다고 한다. 예를 들어, "I am the soldier of our supreme leader Kim Jong-il"과 같은 문장을 암기하거나, 김정은의 이름을 영어 알파벳으로 쓰는 법을 배우는 등 이데올로기적 영향이 강하게 나타난다.

2) 디지털 학습 콘텐츠 및 플랫폼 개발 방향

북한의 디지털 영어교육 발전을 위해서는 학습자의 수준과 필요에 맞춘 개인 맞춤형 학습 콘텐츠 개발이 필요하다. 듣기, 말하기, 읽기, 쓰기 등 다양한 영역을 포괄하는 학습 콘텐츠가 요구되며, 이를 효율적으로 관리하고 제공할 수 있는 플랫폼 구축이 중요하다.

북한 학생들을 위한 비디오 강의, 대화형 소프트웨어, 음성 인식 기술을 활용한 콘텐츠는 영어를 더욱 자연스럽게 접할 기회를 확대할 수 있다. 또한, 북한 내에서 제작한 애니메이션이나 게임을 활용한 영어학습 콘텐츠의 확장은 학습자의 흥미와 참여를 증진시킬 수 있을 것이다.

3) 원격교육 시스템 구축

북한의 폐쇄형 네트워크를 활용한 원격 영어 교육 시스템 구축은 지방과 도시 간 교육 격차를 줄이는 데 기여할 수 있다. 학생들이 집에서도 학습할 수 있도록 전자 교재와 학습 앱을 보급하는 것은 교육 접근성을 향상시키는 중요한 방안이다.

인터넷이 없는 상황을 고려하여 USB나 SD 카드에 영어학습 자료를 저장해 보급하는 방식은 교사나 학생들이 네트워크에 의존하지 않고 학습할 수 있는 환경을 제공할 수 있다.

4) 평가 시스템 개발

디지털 환경을 활용한 영어 능력 평가 프로그램의 도입은 학생들의 영어 실력을 체계적으로 관리하는 데 도움이 될 수 있다. AI 기반 채점 시스템을 통해 객관적이고 신속한 평가를 제공하면 학습 효과를 높일 수 있다.

5) 교사 역량 강화 및 학습자 참여 전략

북한의 영어교육 발전을 위해서는 디지털 학습 도구 활용 능력 향상을 위한 교사 연수 프로그램 개발이 필수적이다. 교사들이 디지털 기기와 콘텐츠를 효과적으로 활용할 수 있도록 지원하는 것은 학습 효과를 높이는 데 크게 기여할 수 있다.

학습자의 흥미와 참여를 유발하는 다양한 디지털 학습 활동 개발은 영어 학습의 효과를 극대화할 수 있다. 북한의 영어교육이 단순 회화 학습을 넘어 정보기술(IT), 과학, 무역 등 전문 영역의 영어학습으로 확장되어야 하며, 북한의 과학 기술 발전을 위한 기술 영어 콘텐츠 제작과 관련 인재 양성 방향이 필요하다.

4. 북한 영어교육의 개선점

북한 영어교육 개선을 위해서는 체계적인 교사 훈련 프로그램 도입, 학습 자료 및 교육 시설 확보, 국제기구와의 협력 확대가 필요하다. 특히 국제 사회와의 소통 강화, 정보 접근성 향상을 통해 북한 주민들의 정보 격차를 줄이는 데 기여할 수 있다.

1) 교육 체계의 변화 필요성

북한의 영어 교육은 디지털 기술과 현대적인 교육 방법을 도입하여 교육의 질을 높이고 학생들의 학습 동기를 증진할 필요가 있다. 그러나 외부 문화와 정보의 유입에 대한 강력한 통제와 영어 교육 강화 사이의 모순, 정치적 이념과 결합된 교육 방식은 학생들의 비판적 사고 발달에 부정적 영향을 미치고 있다.

2) 국제적 소통 능력 향상

북한의 영어교육은 국제적 소통 능력 향상과 교육 기술 발전이라는 긍정적 측면과 함께, 교육의 질 저하와 정치적 제약이라는 심각한 문제점이 공존하는 양면성을 보이고 있다. 이러한 특성은 북한 사회의 발전과 학생들의 미래에 큰 영향을 미칠 수 있으므로, 교육 자원의 확충과 교육 방식의 개선이 시급하다. 북한 영어교육의 실태에 대한 이해는 향후 통일 시대의 교육 통합과 격차 해소에 중요한 기초 자료가 될 것이다.

3) 북한 영어교육 환경과 발전 과제

북한의 영어 교재는 사회주의 이념을 반영하여 제작되며, 주로 문법, 단어, 회화 위주 내용과 사회주의 국가 특성을 담은 텍스트와 이미지를 사용한다. 교과서는 학습자의 흥미를 유발하기 위해 현실을 반영한 내용을 포함해야 한다. 교수법은 전통적인 강의식 수업이 중심이지만, 최근에는 의사소통 능력 향상을 위한 다양한 활동을 도입하고 있다.

북한의 영어학습 환경은 열악하다. 교육 시설과 자원 부족, 교사들의 숙련도 부족이 주요 문제이다. 북한의 영어 교육은 단순한 학문적 활동이 아닌 국가 이념과 정치적 목표를 실현하는 도구로 사용되어, 교육이 정치적·사회적 환경에 민감하게 영향받음을 보여준다. 영어는 국제 사회에서 소통과 협력의 필수 도구이지만, 북한의 폐쇄적 환경으로 인해 이 기능이 제한된다. 또한, 북한 내 영어교육의 지역적·계층적 불평등은 장기적으로 사회 내 격차를 심화시킬 가능성이 크다.

4) 실용성 중심의 개혁 필요성

영어교육은 이념 중심에서 벗어나 실용적이고 현대적인 역량을 키우는 방향으로 전환되어야 한다. 이는 북한뿐 아니라 다른 국가들도 교육의 실용성을 재고해야 함을 시사한다.

북한의 디지털 학습 환경 부족은 국제적으로 디지털 교육 자원 보급의 중요성을 보여준다. 인터넷과 디지털 콘텐츠 접근성 확대가 교육의 질 향상에 핵심적이다. 북한 영어교육 발전을 위해서는 학습자의 흥미를 유발하고 실제 의사소통 능력을 향상시키는 교재 개발이 중요하다. 전통적 강의식 수업에서 벗어나 다양한 활동 중심 교수법 도입, 학생 참여 유도, 영어 학습 자료와 시설 확충이 필요하다.

5) 남북한 영어교육의 차이와 과제

북한은 사회주의 이념과 자주성 확보를 목표로, 남한은 경제 발전과 국제 경쟁력 강화를 목표로 영어 교육을 실시한다. 교육 체계도 북한은 국가 주도의 통제적 체계를, 남한은 다양한 교육 기관과 시스템을 통한 자율적 교육을 추구한다. 북한은 사회주의 이념을 교육과정에 반영하는 반면, 남한은 다양한 영어 교육과정으로 학습자의 선택권을 보장한다.

교육 내용에서도 북한은 사회주의 국가 특성을 반영하고, 남한은 국제적 기준에 맞춰 교육 내용을 구성한다. 교수법에서 북한은 전통적 강의식 수업 위주이며, 남한은 의사소통 능력 향상에 중점을 둔 다양한 교수법을 활용한다. 교사의 역할도 북한은 지식 전달자 중심인 반면, 남한은 학습자 성장을 돕는 촉매제 역할을 한다. 이러한 격차 해소를 위해 남북한 간 영어학습 관련 의견 교류 확대가 필요하다.

북한의 영어교육은 국제적 필요와 체제 유지라는 상반된 목적 속에서 운영되고 있다. 1940년대 후반부터 영어가 도입되었으나 주요 외국어는 러시아어였고, 1950년대 중반부터 영어가 교육과정에 포함되었지만 이념적 영향으로 제한적으로 가르쳤다. 1980년대 이후 경제 발전과 국제 협력을 위해 영어 교육의 중요성을 인식하기 시작했고, 현재는 국제 경쟁력 강화를 위해 영어 교육을 강조하고 있다.

남북한 영어 교육 협력은 필수적이다. 교사 교류, 교재 공동 개발, 교육 시설 및 자원 공유를 통한 상호 발전이 중요하며, 특히 남한의 교육 시스템과 경험 공유가 북한 영어 교육 현실 개선에 도움이 될 것이다. 또한 시설 확충, 교사 양성, 학습 자료 제공 등 장기적 지원이 필요하다.

탈북민들에게 영어는 자유와 기회를 상징하지만, 한국 사회 적응 과정에서 큰 장벽이 된다. 젊은 탈북민들은 영어를 통해 더 넓은 세상을 알고 싶어하며, 영어는 대학 진학과 취업을 위해서도 필수적이다. 영어 간판과 외래어가 많은 한국에서 영어 이해 부족은 생존과 적응의 문제로 이어진다.

　북한 청년들의 더 나은 교육 기회 요구와 영어 능력의 중요성은 북한 사회 변화와 젊은 세대의 국제적 감각을 반영한다. 북한이 영어 교육을 강화하는 것은 경제적 효용과 외부 세계와의 연결 강화를 위한 전략적 선택이며, 이는 북한이 국제 사회와의 관계를 재정립하고 경제적 발전을 도모하는 데 중요한 역할을 할 것이다.

6) 북한에서의 영어 학습 중요성

　북한에서 영어를 배우는 것은 국제적 소통과 정보 접근성 향상에 큰 도움이 된다. 영어는 국제 공용어로서 외국과의 소통을 원활히 하고, 국제 뉴스와 연구 자료에 쉽게 접근할 수 있게 해주며, 북한의 국제사회 관계 개선을 위한 필수 도구이다. 또한 영어 능력은 국제 기업 및 외국과의 거래에서 중요한 자산이 되어 취업 기회를 확대하고 경제적 안정에 기여하며, 해외 유학의 기회도 넓혀 개인의 경력 발전을 가능하게 한다.

　영어를 배우면 다양한 문화와의 교류가 촉진되고, 북한의 문화를 세계에 알릴 수 있으며, 특히 탈북민들에게는 북한의 실상을 국제사회에 전달하는 중요한 수단이 된다. 개인적 측면에서는 사고를 확장하고 다양한 관점을 이해하는 데 도움을 주며, 국제적 환경에서의 자신감을 높여준다.

　직업적 측면에서 영어는 교사, 번역사, 통역사로서의 활동을 가능하게 하고, IT와 데이터 분석 분야에서의 경쟁력을 강화하며, 국제 비즈니스, 외교, 마케팅, 연구 분야 진출 기회를 제공한다. 더 나아가 북한 청년들은 영어를 통해 외부 세계와 연결되어 사회 변화의 주체가 될 수 있으며, 국제 사회에서의 리더십을 발휘하여 북한의 미래에 중요한 역할을 할 수 있다.

최근 북한에서는 정보화를 적극 추진하고, 국제적 기준에 맞춘 제도 개선을 시행하며, 학생 선택 수업과 교사 평가제를 도입하는 등 교육 정책의 변화가 나타나고 있다. 결국 영어 교육은 단순한 언어 학습을 넘어 북한 주민들이 세계와 소통하고 발전할 수 있는 중요한 열쇠로서, 개인의 성장뿐 아니라 국가 발전에도 크게 기여할 수 있다.

5. 북한 영어교육의 양면성

북한에서 사용되는 영어 교재는 최신 정보나 현대적인 교육 방법을 반영하지 못하고 있다. 영어 교육 프로그램은 실용적 영어 교육을 확대하고 체제 선전에 치우치지 않고 국제적 소통 능력을 키울 수 있는 교육 프로그램 도입이 필요하다. 현장에서 직접 가르치는 영어교사에게 훈련을 강화하고 영어 교사의 발음과 교수법 향상을 위한 전문적인 재교육 프로그램이 필요하다. 북한의 영어교사들은 영어를 가르치는 전문성이 부족한 경우가 많다. 이를 해결하기 위해서는 교사들의 교육 수준을 높이고 지속적인 연수를 통해 전문성을 강화해야 한다.

개선을 위한 방법중 하나는 디지털 학습 환경을 개선하여 제한적인 환경에서도 사용할 수 있는 디지털 콘텐츠와 원격 학습 프로그램을 개발해야 한다. 원격 학습프로그램은 학생들이 실제 상황에서 영어를 사용할 기회를 간접 경험할 수 있다. 학습 동기 부여는 오로지 영어학습에 중점을 두고 영어가 경제적, 사회적 기회로 이어질 수 있음을 강조하여 학생들이 자발적으로 학습할 수 있도록 장려해야 한다. 북한의 영어 교육은 체제와 국제적 필요를 조화롭게 충족시키려고 노력하고 있지만, 폐쇄적 환경과 체제 중심적 접근으로 많은 문제점이 존재한다.

1) 북한 영어교육은 경제 발전을 위한 도구

북한의 영어 교육은 복잡한 양면성을 지니고 있다. 한편으로는 국제 사회와의 소통과 경제적 발전을 위한 필수 도구로 인식되고 있으나, 다른 한편으로는 정부의 이념적 통제 하에 제한적으로 운영되고 있다.

현재 북한에서 영어는 사회주의 체제의 우월성을 국제 사회에 알리고 자본주의 세계와의 교류를 통제하는 도구로 활용되고 있다. 정부는 영어 능력을 통해 국제 무대에서의 영향력을 확대하고 외교적 목표를 달성하려는 의도를 가지고 있으며, 최근에는 군사 기술 개발 및 해외 기술 도입을 위한 영어 교육의 필요성이 더욱 강조되고 있다.

북한은 글로벌화에 대응하여 국제 사회와의 소통을 위해 영어 교육을 강화하고 있지만, 이러한 교육이 정부의 이념에 맞춰 진행되면서 학생들의 비판적 사고와 창의성을 기를 기회가 제한되고 있다. 학생들이 자유롭게 의견을 표현하고 토론할 수 없는 교육 환경은 그들의 영어 능력 향상에 큰 제약으로 작용하고 있다.

또한 북한은 정치적 성향과 출신 배경에 따라 선별적으로 영어교육의 기회를 제공하는 문제가 있다. 뛰어난 일부 학생들에게만 집중적인 영어 교육을 제공하는 방식은 교육 기회의 불평등을 심화시키고 있다. 대부분의 학생들은 영어 학습에 대한 동기 부여가 부족하며, 영어의 실질적인 중요성과 혜택을 체감하지 못하고 있다.

최근 북한에서는 디지털 학습 도구 도입을 통해 영어 교육의 질을 향상시키려는 노력이 이루어지고 있다. 온라인 학습 플랫폼과 AI 기반 학습 도구가 일부 도입되어 학생들이 보다 자율적으로 학습할 수 있는 환경이 조성되고 있으며, 멀티미디어 자료와 온라인 커뮤니티를 통해 다양한 방식으로 영어를 학습할 기회가 확대되고 있다.

이러한 문제점들을 해결하기 위해서는 영어 교육을 보다 실용적이고 개방적인 방향으로 전환하는 노력이 필요하다. 학생들에게 정보 접근성을 높이고, 영어의 중요성을 인식시키며, 실질적인 혜택을 체감할 수 있는 교육 프로그램의 개발이 요구된다. 이는 장기적으로 북한의 경제적, 사회적 발전에도 긍정적인 영향을 미칠 수 있을 것이다.

2) 북한과 남한의 영어교육 격차

탈북민들의 증언을 통해 북한과 남한의 영어교육 격차를 분명하게 확인할 수 있다. 북한에서는 영어 수업이 일주일에 한 번 정도로 제한적이며, 기본적인 단어와 문장 구조 위주의 교육이 이루어진다. 반면, 남한에서는 영어가 대입과 취업을 결정지을 수 있을 만큼 중요한 위치를 차지하고 있어, 탈북민들에게 영어는 큰 '장벽'으로 작용한다.

북한에서 기초 교육을 제대로 받지 못한 탈북민들은 한국 사회에서 영어로 인한 어려움을 겪고 있다. 특히 서구 문화와 관련된 지식의 부족은 영어 학습에 큰 장애물이 된다. 한 탈북민은 영어 지문에 등장하는 고유명사가 사람의 이름인지, 지역, 국가, 랜드마크의 이름인지 구분하지 못하는 문제가 있다고 했다.

3) 탈북 청소년의 교육적 도전

한국에서 초·중·고등학교를 다니고 있는 탈북 학생은 2019년 기준 2,531명으로, 10년 전보다 2배 이상 증가했다. 그러나 이들의 학업 중단율은 일반 한국 학생보다 3배 이상 높은 3% 수준이며, 학년이 올라갈수록 더 높아지는 경향을 보인다.

기초학력 부족으로 인해 많은 탈북 청소년들이 일반 학교에 적응하지 못하고 대안학교로 옮기는 경우가 많다. 탈북 청소년 대안학교인 한꿈학교에서는 영어 교육을 중점적으로 하고 있으며, 이는 학생들이 남한에 입국한 이후 가장 먼저 피부로 와닿는 어려움이 영어공부이고, 대학 진학과 취업 시에도 큰 걸림돌이 되고 있다.

4) 탈북민 영어교육 지원 현황

탈북민들의 영어 학습을 돕기 위한 다양한 민간단체들이 활동하고 있다. 2013년 3월 설립된 북한 이탈 주민 글로벌 교육센터(TNKR)는 기초가 부족한 탈북민에게 영어 교습을 무료로 지원하는 대표적인 단체이다. TNKR에서는 자원봉사를 통해 모집한 원어민 교사들이 탈북민들을 상대로 1:1 영어 수업을 진행하고 있다.

현재까지 455명의 탈북민이 이곳에서 영어를 배웠으며, 1,027명의 자원봉사자들이 교사로 참여했다. 탈북민들이 영어 배우기에 열심인 이유는 '생존'과 '자유'라는 두 가지 측면에서 이해할 수 있다. 남한의 대학 진학과 취업 과정에서 영어는 필수적인 요소이며, 영어 실력은 더 넓은 세상을 볼 수 있는 기회를 제공한다.

5) 탈북 청소년들의 영어 학습 지원 중요

본 연구를 통해 북한의 디지털 영어교육은 제한된 환경에서도 점진적으로 발전하고 있으나, 기술적 제약과 이데올로기적 영향으로 인해 실질적인 영어 능력 배양에는 한계가 있음을 확인할 수 있었다. 북한의 디지털 영어교육 발전을 위해서는 맞춤형 학습 콘텐츠 개발, 원격교육 시스템 구축, 교사 역량 강화, 학습자 참여 전략 수립 등 다각적인 접근이 필요하다.

또한, 탈북민들의 남한 사회 적응 과정에서 영어 학습은 중요한 도전 과제이다. 이들의 특수한 교육적 배경과 필요성을 고려한 '생존 영어' 중심의 맞춤형 교육 프로그램 개발이 요구된다. 특히 탈북 청소년들의 학업 중단을 예방하고 성공적인 사회 통합을 지원하기 위해서는 영어교육에 대한 체계적인 지원이 필수적이다.

향후 연구에서는 북한의 디지털 영어교육 현황에 대한 보다 구체적인 자료 수집과 탈북민들을 위한 효과적인 영어교육 방법론 개발이 필요할 것이다. 또한, 남북한 영어교육 통합을 위한 장기적 관점에서의 전략 수립도 중요한 연구 과제가 될 것이다.

6. 사회주의 체제 영어교육의 딜레마

1) 국제적 소통의 필요성

북한의 영어교육은 1940년대 후반에 도입되었으나, 초기에는 러시아어가 주요 외국어로 자리 잡고 있었다. 1950년대 중반부터 영어가 공식 교육과정에 포함되었지만, 사회주의 이념의 영향으로 그 범위와 내용이 제한적이었다. 1980년대에 이르러 북한은 경제 발전과 국제 협력의 필요성을 인식하면서 영어교육의 중요성을 재평가하기 시작했으며, 1990년대에는 국제사회와의 교류 증진을 위해 영어교육을 강화하는 정책을 추진했다.

현재 북한은 국제 경쟁력 강화를 위해 영어교육을 강조하고 있으나, 사회주의 체제 유지와 국제적 필요성 사이의 긴장관계, 경제적 어려움, 국제적 제재 등으로 인해 발전에 제약을 받고 있다. 이러한 상황에서 남북한 간 영어교육 협력은 필수적이며, 교사 교류, 교재 공동 개발, 교육 시설 및 자원 공유를 통해 상호 발전을 도모할 필요가 있다.

특히 북한의 영어교육 발전을 위해서는 남한의 교육 시스템과 경험 공유가 중요하며, 장기적 관점에서 교육 시설 확충, 교사 양성, 학습 자료 제공 등의 지속적인 지원이 요구된다. 북한의 영어교육은 새로운 교육 목표, 교재, 교수법, 학습 환경의 도입을 통해 국제적 수준으로 발전해야 할 과제를 안고 있다.

탈북민들에게 영어는 특별한 의미를 지닌다. 이들에게 영어는 자유의 상징이자 한국 사회 적응의 중요한 열쇠이다. 탈북민들은 북한 탈출이라는 '첫 번째 전쟁' 이후, 한국 사회 적응이라는 '두 번째 전쟁'을 치르는 과정에서 영어라는 큰 장벽에 직면한다. 영어로 가득한 간판과 일상 속 외래어는 이들의 적응을 어렵게 만드는 요소이다.

특히 젊은 탈북민들은 영어를 통해 더 넓은 세상을 알아가고 싶어 하며, 대학 진학과 취업을 위해서도 영어 능력이 필수적임을 인식하고 있다. 북한의 청년층 역시 더 나은 교육 기회를 갈망하며, 영어 능력이 그들의 미래에 중요한 요소로 작용하고 있다.

북한이 영어교육을 강조하는 것은 경제적 효용과 외부 세계와의 연결 강화라는 전략적 선택이다. 탈북민들의 경험과 청년 세대의 요구가 북한의 교육 정책 변화에 영향을 미치고 있으며, 영어는 이제 단순한 외국어가 아닌 북한 사회의 변화와 발전을 위한 중요한 도구로 자리매김하고 있다. 이러한 변화는 북한이 국제사회와의 관계를 재정립하고 경제적 발전을 도모하는 데 중요한 역할을 할 것으로 전망된다.

2) 영어 교육의 가치의 중요성

영어를 배우면 다양한 문화와의 교류가 가능해지며, 이는 북한 주민들이 외부 세계의 문화를 이해하고 자신의 문화를 널리 알리는 데 기여할 수 있다. 특히 탈북민들은 영어를 통해 북한의 실상을 세계에 알리고 국제 사회와의 연결 고리를 강화하는 역할을 할 수 있다. 이들은 영어 학습이 단순한 개인적 목표가 아닌 북한의 현실을 알리는 중요한 수단이라고 강조한다.

영어 학습 과정은 개인의 사고를 확장하고 다양한 관점을 이해하는 데 도움을 주어 개인의 성장과 발전에 긍정적인 영향을 미친다. 영어를 유창하게 구사하게 되면 국제적인 환경에서도 자신감을 가지고 소통할 수 있게 되어 사회적 활동에도 좋은 영향을 준다. 북한에서 영어를 배우는 것은 언어 습득을 넘어 국제적 소통, 경제적 기회 확대, 문화적 이해, 개인적 성장 등 다양한 측면에서 중요한 의미를 갖는다.

영어 능력이 뛰어난 사람에게는 교육, 번역, 통역 분야에서 많은 기회가 제공된다. 국내외에서 영어 교사로 일할 수 있으며, 문서 번역이나 회의 통역 등 다양한 형태의 활동도 가능하다. 영어는 북한 주민들이 외부 세계와 연결되고 더 나은 미래를 설계하는 데 필수적인 도구로 자리 잡을 수 있어 북한에서도 영어 교육이 점차 강조되고 있다.

IT 분야에서는 영어로 된 기술 문서와 프로그래밍 언어가 주로 사용되므로 영어 능력이 중요하다. 영어를 잘하는 개발자는 글로벌 팀과 협업할 기회를 얻게 되며, 데이터 분석 및 IT 관련 직업에서도 영어는 필수적이다. 많은 데이터 분석 도구와 자료가 영어로 되어 있어 영어 능력이 뛰어난 사람은 더 많은 기회를 가질 수 있다.

영어를 배우는 북한 청년들은 사회적 변화의 주체가 될 수 있다. 그들은 외부 세계와의 연결을 통해 북한 사회의 변화를 끌어낼 수 있는 잠재력을 가지고 있으며, 영어를 통해 국제 사회에서의 리더십 기회를 가질 수 있어 북한의 미래를 위한 중요한 역할을 할 수 있다. 영어는 단순한 언어가 아니라 그들의 꿈과 가능성을 실현하는 중요한 도구가 될 것이다.

국제 비즈니스의 공통 언어로서 영어를 잘하는 사람은 해외 거래처와의 소통이 원활해져 무역 회사나 다국적 기업 등에서의 취업 기회가 증가한다. 외교 분야에서도 영어는 필수적이며, 외교관이나 국제기구에서 일하기 위해서는 영어 능력이 중요하다. 마케팅 분야에서는 다양한 국가의 고객과 소통하며 전략을 수립하는 데 영어가 유리하고, PR 및 커뮤니케이션 기업의 대외 커뮤니케이션 담당자에게도 영어 능력이 중요하다.

학술 분야에서는 많은 연구 결과와 자료가 영어로 발표되므로 영어 능력이 뛰어난 연구원은 국제 학술지에 논문을 게재할 기회를 얻는다. 대학 및 연구 기관에서 영어로 강의하거나 연구를 수행하는 기회도 많아진다. 영어 능력은 국제 비즈니스, 교육, IT, 마케팅, 연구 등 다양한 분야에서 직업 기회를 열어주어 개인의 경력 발전과 경제적 안정에 큰 도움이 된다.

최근 북한의 교육정책에서는 정보화를 적극적으로 추진하고, 국제적 눈높이에 맞춰 제도 개선을 추진하며, 학생들의 선택수업과 교사 평가제를 도입하는 등의 변화가 나타나고 있다. 이는 외교, 무역, 학문 등 다양한 분야에서 변화하고 있는 증거이다.

영어 교육을 통해 북한 학생들은 다른 나라의 문화를 이해하고 세계 시민으로 성장할 수 있는 기회를 얻게 된다. 영어 교육은 북한 학생들에게 다른 나라와의 교류를 가능하게 하고, 이를 통해 평화와 협력의 기회를 증대시킬 수 있다. 언어는 사람들 간의 벽을 허물고 상호 이해를 증진시키는 도구로 작용하며, 영어 교육은 단순한 언어 학습을 넘어 북한 학생들이 세계와 연결되고 발전할 수 있는 중요한 열쇠가 될 수 있다. 이를 통해 개인의 성장뿐만 아니라 국가적 차원의 발전도 이룰 수 있을 것이다.

참고문헌

1. 국문 논문

김유연. "북한 제1중학교 정책 실태 및 변화 연구." 이화여자대학교 학위논문 (2017).

박수빈. "북한 외국어학원 『중국어 초급 1』 교과서 분석 연구: 어법항목과 의사소통표현을 중심으로." 이화여자대학교 교육대학원 학위논문 (2024).

김연정. "수재교육 경험 북한이탈주민에 대한 내러티브 탐구." 연세대학교 학위논문 (2021).

홍정실. 김정렬. "북한 영어교과서의 통치 권력별 통시적 분석." 『학습자중심교과교육연구』. 제19권 6호 (2019).

조현정. "북한의 계층구조에 다른 교육격차 요인과 실태." 『이화여대북한연구회』 (2022).

김지수. "탈북학생이 남한학교 학습에서 겪는 주변화 경험: 내러티브 탐구." 이화여자대학교 학위논문 (2019).

2. 북한 문헌

"조선로동당 제7차대회에서 한 당중앙위원회 사업총화보고." 『로동신문』. 2016. 5.8.

3. 기타 자료

조한범. "유튜브 커뮤니티 https://www.youtube.com/user/mbn/com." MBN. 2024.4.22.

통일전망대. "외국문화 안 돼도 영어는 OK?." MBC. 2023.07.29.
MBC 통일전망대. "교원평가제도도입." 2023.07.29.
조한범. "유튜브 커뮤니티." https://www.youtube.com/user/mbn/com. 2024.4.22.
MBN뉴스. "2024 새학기 부터 선택과목제 수업." 2024.4.27.
장희원. 『통일신문』 2021.07, 08. p. 11.
이상현, 김지연. "북한 학생들이 사교육이 도움을 가장 많이 받는 과목은 무엇일까?." 『연합뉴스』. 2023.08.17. 19:16 FRANCAIS.
연합뉴스. "AI 학습 및 활용." 2022.06.23. 14:32.
MBC. 통일전망대. 2023.07.29.
통일부. "2023 북한 이해." 『국립통일교육원』. 2023. p. 323.
박기찬. "북한의 영어교육 이야기." 『MBC&iMBC』.
김정원. "3대 세습 강화 위해 지도자 과목수 추가." 『한국교육개발원 통일교육연구실』 2016.01.17. p. 3.
조선중앙TV. "나라의 교육과학을 전문으로 연구하고 통일적으로 장악 지도하는 새 세기 교육혁명 수행에 참답게 이바지하는 교육과학연구 중심기지로서의 사명과 임무를 원만히 수행할 수 있게 됐습니다." 2023.8.17.
김세희. "경제난 속에서도 학용품 공급에 특별히 신경써." https://www.youtube.com/user/mbn/com. 2024.4.22.
장용훈. "북한은 왜 영어교육에 올인하나?." 『연합뉴스』. 동북아센터 월간 마이더스. 한반도Plus 2016년 08월호
이윤녕, 김섭. "탈북민 영어 교육 실태 보고서." 『BBC 코리아』. 2020.11.07. p. 7.
강진규. "말랑고소한 북한이야기." 『You tube』. 2020.12.28.